Benedikt Schaufelberger

Wie die Freiburger ihr Münster bauten

Eine Zeitreise
in historisch präzisen Zeichnungen

HERDER

FREIBURG · BASEL · WIEN

Vierte Auflage

Die Zeichnung auf dem Umschlag zeigt
die Baustelle um 1350.
Gestaltung: Finken & Bumiller
Herstellung: J.P. Himmer, Augsburg 2001
Gedruckt auf umweltfreundlichem,
chlorfrei gebleichtem Papier
Printed in Germany

ISBN 3-451-27017-X

Inhalt

Meiner Frau Hildegard gewidmet

Vorwort

Um das Interesse für eine Kulturleistung, wie sie die Vollendung des Freiburger Münsters darstellt, auch bei der nächsten Generation wach zu halten, habe ich mit Jugendgruppen, in der Erwachsenenbildung und mit den Schülern meines Gymnasiums das Münster und die Münsterbauhütte viele Male besucht und mit Modellen und Zeichnungen die Baugeschichte erläutert. Ich habe in diesen Zeichnungen versucht, angesichts der damaligen einfachen Hilfsmittel auch die technische Leistung zu würdigen. Schließlich kam der Wunsch auf, diese vereinzelten Zeichnungen systematisch zu vervollständigen und zu einem Buch zu erweitern.

Viel Unterstützung fand ich bei der Münsterbauhütte – vom Münsterwerkmeister Herrn Sepp Jakob † bis zu Herrn Christian Leuschner und dem derzeitigen Münsterbaumeister, Herrn Dipl. Ing. Manfred Sass, und der Kunsthistorikerin Frau Heike Mittmann –, beim Erzbischöflichen Bauamt – v.a. bei Herrn Baudirektor Anton Bauhofer und Herrn Walter Baumer –, aber auch bei den Münster-Schweizern und -Mesnern.

Viele gute Hinweise, Korrekturen und Planeinsichten erhielt ich von Herrn Dipl. Ing. Karl Becker vom Landesdenkmalamt in Freiburg. Zu Dank verpflichtet bin ich auch Herrn Professor Wolfgang Hug und Herrn Professor Hans Musch für Hinweise und Korrekturen, desgleichen Herrn Peter Kalchthaler, dem Leiter des Freiburger Museums für Stadtgeschichte.

Benedikt Schaufelberger

Der Bau des Freiburger Münsters, der »großen Pfarrkirche«

»Den schönsten Turm der Christenheit« nennt der Basler Kunsthistoriker Jacob Burckhardt den Turm des Freiburger Münsters.

Die heutigen Freiburger sind mit Recht stolz auf die Leistung ihrer Vorfahren im Mittelalter beim Bau ihrer Pfarrkirche. Zwar hatte der Zähringer Herzog Bertold V. den Anstoß zum Neubau einer repräsentativeren Kirche an Stelle der bescheideneren ersten frühromanischen Basilika gegeben. Aber seine Erben haben den Bau finanziell kaum unterstützt. Und auch kein Bischof war treibende Kraft oder finanzierte den Bau. Die Baulast und -leitung von »Unser Frauen Werk« – d.h. »Fabrica Unser lieben Frowen« oder auch kurz: der »Münsterfabrik« – lag bei der Bürgerschaft von damals 6.000–9.000 Einwohnern und deren Stadtrat. Bischofskirche ist das Freiburger Münster erst seit 1827.

Sich wandelnde theologische und liturgische Vorstellungen von der inneren und äußeren Form eines Kirchenbaus bewirkten immer wieder Änderungen. Technische Fortschritte machten die Ausführung der geänderten Pläne der bauleitenden Kleriker möglich. Auch Änderungen des Geschmacks hatten mit all dem den Wandel der Stilformen zur Folge.

Der Bau zog sich über 150 Jahre hin. Am Chor baute man nach fast 100-jähriger Pause später noch einmal über weitere 60 Jahre. Die Bauforschung hat uns in den letzten Jahrzehnten im Wissen um die Baugeschichte um einiges weitergebracht, doch Urkunden mit präzisen Daten sind rar. Aber wer sich kundig macht, vermag die Jahrhunderte gewissermaßen zurückzudrehen. Mit einer Zeichenfeder lässt sich das Geschehene sichtbar machen, und wir können sie alle noch einmal erleben: die Leute, die die Steine schlugen und zum Bauwerk aufrichteten, und die, die das Ganze finanzierten.

Wer in Burgund die tausend Jahre alten Kirchen besucht, wird die Entwicklung der Architektur als mühsame Arbeit des Neufindens einer in Vergessenheit geratenen, hoch entwickelten Baukunst entdecken und in den noch reichlich vorhandenen römischen Resten die Vorbilder des »romanischen« Stils erkennen. Karolinger, Ottonen und Staufer griffen die imperialen Aspekte solchen Bauens bewusst für ihre Reichsidee auf. Doch die erdschwere, burghafte Architektur wurde unter dem Einfluss von Mystik und Weltflucht durch eine himmelwärts gerichtete abgelöst. In der Folge hatten die Bauleute Mühe, die hohen, lichtdurchfluteten Räume technisch zu ermöglichen. Die Lösung war die Skelettbauweise. Später fand die italienische Renaissance für diese Form die (zunächst verächtlich gemeinte)

Bezeichnung »gotisch«, die später zum Stilbegriff geworden ist.

Erst gegen 1800 begann man die Gotik wieder zu schätzen. Mit der Romantik erwachte die Liebe zum Mittelalter. Man rettete die vom Verfall bedrohten romanischen Basiliken. Ab der Mitte des 19. Jahrhunderts begann man, die unfertig gebliebenen gotischen Kathedralen nach den alten Plänen weiterzubauen und vollendete ihre Türme – z.B. in Köln, Regensburg und Ulm.

Die Freiburger freilich haben ihr Münster in einer ungeheuren Kraftanstrengung auch in widrigen Zeiten bereits im Mittelalter fertig gebaut, wie es die folgenden Zeichnungen und Texte nachvollziehbar und anschaulich machen wollen.

Die Romanik baut »Gottesburgen« und gestaltet Fenster und Gewölbe durch Rundbogen:

Abb. 2: Burgundische Dorfkirche von Brancion, 11. Jahrhundert.

Abb. 3: Abteikirche St. Etienne in Nevers, 12. Jahrhundert.

Abb. 4: Eines der römischen Stadttore von Autun in Burgund.

Die Gotik hingegen baut mit Spitzbogen, d.h. mit verringertem Seitenschub. Sie will mit in die Höhe steigenden Linien die Herzen himmelwärts lenken.

Erster Teil

Von der Stadtgründung bis zu den ersten Kirchenglocken

Datentafel 1100–1280

(Daten nach E. Adam, ergänzt nach neuesten Erkenntnissen)

um 1100 Gründung der Stadt Freiburg durch die Herzöge von Zähringen.

1146 Predigt des hl. Bernhard von Clairvaux im Vorgängerbau; erste Erwähnung der »Ecclesia«, der Pfarrkirche, in Freiburg (sog. »Konradinisches Münster«).

um 1200 Beginn des spätromanischen Neubaus bei Chor, Querhaus und Hahnentürmen; Vorbild ist das Basler Münster, die Werkleute stammen aus Burgund.

1218 Tod Bertolds V. von Zähringen; Beisetzung im Chor (?).

1219 Auf dem Hoftag zu Hagenau erkennt der Stadtrat Bertolds Erben, die Grafen von Urach-Freiburg, als neue Stadtherren an.

um 1220 Erste Planänderung. Das vorgesehene und schon begonnene Langhaus wird in frühgotischem Stil weitergebaut: Verzicht auf Emporen, dafür höhere und breitere Seitenschiffe, Aufführung der ersten beiden Langhausjoche (Ostjoche). Zusätzliche Werkleute aus Reims/Straßburg.

1240 Streit der Stadt, die bis dahin das Recht hatte, den Pfarrer zu wählen, mit dem Grafen, der das Pfarramt mit eigenen Verwandten besetzen will.

um 1240 Ein neuer Meister – wohl aus Straßburg – beginnt mit dem Bau der vier Westjoche und des quadratischen Unterbaus des Turmes.

um 1256 Das Holz für den Dachstuhl über den Ostjochen wird geschlagen. Danach wölbt der 1240 gekommene Meister die Ostjoche ein.

1258 Guss und Weihe der ältesten Glocke (»Hosanna«).

um 1280 Umplanung des Westturmes.

1281 Guss und Weihe der »Predigtglocke«.

Als man schrieb das Jahr des Heils 1200 …

… war der Zähringer Herzog Bertold V. zu Ansehen und Macht gekommen. Schon sein Vater, Bertold IV., hatte Kaiser Friedrich I. Barbarossa für dessen Italienzüge ein beachtliches Kontingent gepanzerter Reiter gestellt.

Auch seine seit hundert Jahren blühende Stadt Freiburg im Breisgau war reicher geworden. Vor allem Kaufleute und Handwerker hatten die hier gegebene Ansiedlungsfreiheit wahrgenommen. Nach dem Willen der Stadtgründer hatte jeder Siedlungswillige den Platz für eine »Hofstätte« von 50 × 100 Fuß (ungefähr 16 × 32 Meter) bekommen und brauchte dafür nur »einen gemeinen Pfennig« jährlich zu bezahlen. Wer eine Weile unbescholten in der Stadt lebte und sich ernähren konnte, wurde freier Bürger – zu dieser Zeit eine der wenigen Möglichkeiten, der Leibeigenschaft zu entkommen; daher die Redensart »Stadtluft macht frei!«

Die niedergelassenen Handwerker waren so produktiv, dass sie nicht nur die Stadtbewohner versorgen, sondern darüber hinaus noch viele Waren dem Fernhandel zuführen konnten. Dadurch entwickelte sich vom 13. Jahrhundert an ein beachtlicher Reichtum unter den Stadtbürgern. Der größte Reichtum aber floss der Stadt zu durch den Silberbergbau am Schauinsland und durch das Recht, Münzen zu prägen.

Abb. 5a: Herzog Bertold V. mit Reitern.

Abb. 5b: Wappen. Der Löwe der Zähringer, der Adler der Grafen von Freiburg, das Kreuz der Stadt Freiburg (links), das Kreuz der »Münsterfabrik« (rechts).

Abb. 6: Der Baumeister erklärt dem Herzog, den Klerikern und den Räten anhand des Planes den »Riss« des ersten Bauabschnitts. Der Zirkel ist dabei das wichtigste Konstruktionsinstrument. Man erkennt den eckigen Chor mit den flankierenden Chortürmen, dem Querhaus und der fast quadratischen Vierung. Die Kuppel soll später mit einem hölzernen Pyramidendach eingedeckt werden. Es sind auch schon einige Werksteine bereitgelegt als Muster für die halbrunden Pfeilervorlagen.

Abb. 7: Quadrat und Achteck haben symbolische Bedeutung: Das Quadrat bedeutet die geordnete Schöpfung, die vier Himmelsrichtungen. Das Achteck steht für die Erlösung, weil Christus am Sonntag, dem achten Tag der Woche, auferstanden ist.

Die erste Pfarrkirche aus der ersten Hälfte des 12. Jahrhunderts war eine schlichte, dreischiffige Basilika mit flacher Holzbalkendecke als konstruktivem Teil des Dachstuhles mit einem etwa quadratischen Chorraum (anstelle der heutigen Vierung) und einer halbrunden Chorapsis, dazu zwei Nebenapsiden als Ostabschluß der beiden Seitenschiffe, also ohne Querhaus, dafür aber mit einem Westturm (östlich des jetzigen Westturmes); siehe Abb. 20.

Die erste Pfarrkirche war bereits weniger als ein Jahrhundert nach der Stadtgründung zu klein geworden und entsprach zudem in Form und Ausstattung nicht mehr dem angewachsenen Wohlstand der Bürger.

Wie schon sein Vater, Bertold IV., hatte Herzog Bertold V. den Titel und die Rechte eines »Rektors von Burgund«. Deshalb konnte er von Burgund Bauleute kommen lassen, die in der Errichtung gewölbter Großbauten erfahren waren. Burgundische Werkleute waren schon an die zehn Jahre vorher am Münsterbau des Bischofs von Basel und an mehreren Kirchenbauten im Elsass tätig gewesen.

Nach anfänglichen Versuchen, durch vergrößernde An- und Umbaumaßnahmen (z.B. durch einen neuen Chorum-

gang um die bestehende Hauptapsis) die erste Kirche den gestiegenen liturgischen Anforderungen anzupassen, hatte sich Bertold V. vom (namentlich nicht bekannten) Baumeister überzeugen lassen, dass nur ein kompletter Neubau – und zwar ähnlich dem in Basel im Bau befindlichen Münster (immerhin einer Bischofskirche!) – den Freiburgern zu einer ansehnlichen Pfarrkirche verhelfen könne, die auch für die Zukunft ausreichend Platz bieten würde.

Der Neubau sollte in allen seinen Teilen gewölbt werden, zusätzlich ein Querhaus mit einer Vierung (im Idealfall auf quadratischem Grundriss aufbauend) und einen über dem regelmäßigen Achteck gewölbten Vierungsturm erhalten. Das Überleiten des quadratischen Raumteiles in den achtseitigen war mittels über Eck gespannter Bogen (sog. Trompen) – bei anderen Bauten schon mehrfach erfolgreich angewandt – vorgesehen.

Abb. 8: Der Herzog mit seinem Gefolge besichtigt die Baustelle am Ostchor der alten Pfarrkirche.

Abb. 9: Versetzen von Werksteinen mit dem »Wolf«.

Abb. 10: Die Hebewerkzeuge »Kralle« (»Wolf«) und »Zange«.
In die Oberseite der Werksteine wird ein konischer Schlitz geschlagen. Die da hineingesetzte »Kralle« – auch »Wolf« genannt – spreizt sich beim Anheben und verhakt sich im Stein. Mit einfachen Seilwinden – später mit Treträdern – werden die Werksteine hochgezogen und ins Mörtelbett abgelassen.

Das Loch wird beim Weitermauern mit Mörtel gefüllt. Etwa ab 1240 setzt man die »Zange« ein, die es in verschiedenen Größen gibt und die schon die Römer benutzt haben. Dafür müssen an den Außenseiten kleine Löcher in den Werkstein gehauen werden, in die die »Zange« greifen kann. Diese Löcher müssen später mit Mörtel wieder aufgefüllt werden.

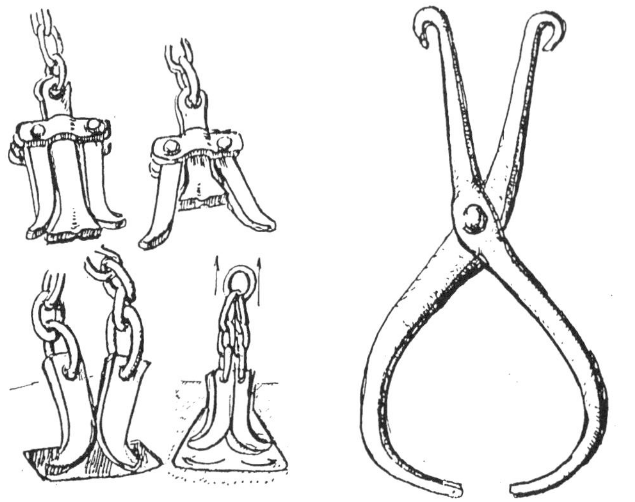

Über die holprigen Wege und Gassen gelangen die Blöcke zur Bauhütte und werden dort zu Werksteinen zugerichtet: Mit der Spitzhacke werden sie grob, mit der »Fläche« fein bearbeitet. Eine Verbesserung des Werkzeugs ist dann die gezahnte »Fläche« und – noch einige Jahrzehnte später – der »Krönel«, ein gebündeltes Spitzeisen. Damit geht die Arbeit schneller voran.

Abb. 11: Der Meister prüft mit einem einfachen Winkelmaß, an dem das Lot die Senkrechte anzeigt, den richtigen Sitz. Detail vom Südquerhaus; hier: ein Block mit Bogen.

Abb. 12: Das Werkzeug für die Steinbearbeitung: Spitzhacke – Spitzhacke mit »Fläche« kombiniert – »Fläche« – gezahnte »Fläche«. Ab dem 13. Jahrhundert: »Krönel«; zum Spitz- und Flach-Meißel kommt der gezahnte Flach-Meißel und – ab dem 15. Jahrhundert – das breite »Scharriereisen«.

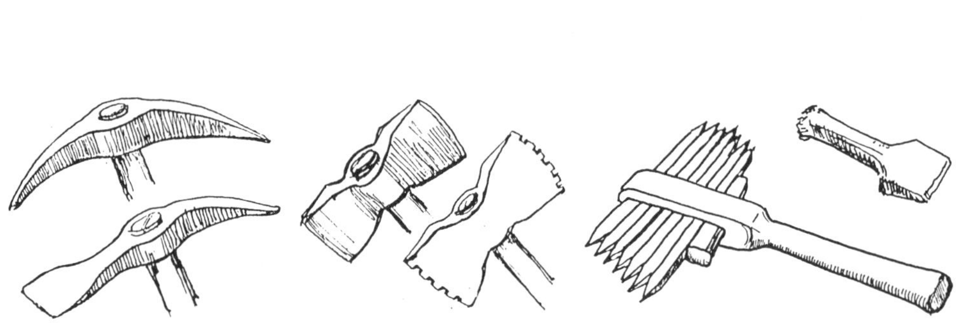

So begann man gegen 1200 mit dem Neubau, hob östlich vom alten Chor die Baugrube bis zum festen Grund aus und mauerte mit grob behauenen Steinen die Fundamente. Darauf begann man, mit fein behauenen Werksteinen weiterzubauen.

Mit einfachen Winden wurde der Aushub mit Körben hochgezogen und die Mauersteine mit der »Kralle« herabgelassen. Fuhrleute und Bauern der Umgebung brachten im Frondienst oder auch für Lohn das Baumaterial – Steine aus dem Steinbruch, Kalk und Sand für den Mörtel und Bauholz für die Gerüste – an die Baustelle.

Die meisten Steinbrüche waren in der näheren oder weiteren Umgebung der Stadt: am Schlierberg (heute Lorettoberg genannt) im Süden und in der Nähe von Tennenbach und Heimbach in der westlichen Vorbergzone des Schwarzwaldes (sie sind heute noch sehenswert und als Naturdenkmäler geschützt).

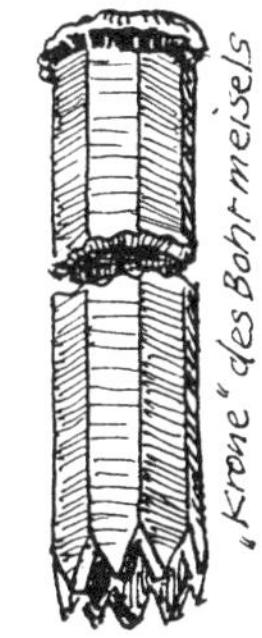

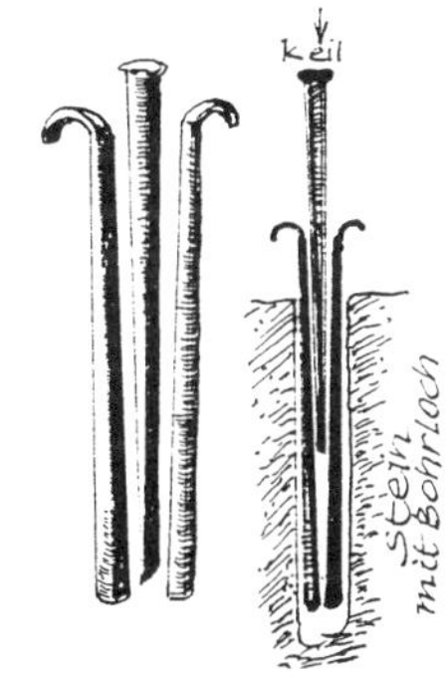

Abb. 13: Im Steinbruch von Heimbach mag es so zugegangen sein: Keilförmig wurden mit der Spitzhacke tiefe Schründe geschlagen, bis ein Block auf drei Seiten frei lag. Dann wurden mit langen Stangen senkrechte Löcher gestoßen, in die dann Keile getrieben wurden (siehe Abb. 15). Die Stangen waren am unteren Ende hohl und hatten Zacken wie eine Krone, unseren heutigen Bohrkronen ähnlich (siehe Abb. 14). Nahe dem Steinbruch wurde eine Schmiede betrieben, denn das Werkzeug musste immer wieder frisch geschärft und gehärtet werden.

Abb. 16: Das Schwabentor im Bau. Ein Bächleputzer ist bei der Arbeit, und die Händler öffnen ihre Läden. Das Martinstor im Süden der »Großen Gass«, der eigentlichen Marktstraße, ist etwas älter und hat eine ähnliche Form.

Abb. 17: Das Siegel der Stadt Freiburg, mit dem seit 1245 beurkundet wird und das bis heute gilt, zeigt drei Tore und drei Türme. Auf zweien stehen Hornbläser. Die Lilie deutet auf die eigene Gerichtsbarkeit der Stadt hin, die sie damals schon erworben hatte.

Aus den Steinbrüchen im Süden holperten die schwer beladenen Karren vom Schlierberg her dann über die Dreisam und durchs Martinstor in die Stadt. Von Heimbach und Tennenbach, also vom Norden her, war der Weg weiter. Da kamen dann die Karren durch das Christoffelstor gefahren.

Die Stadtmauer und die fünf Tore waren noch im Bau; sie wurden erst gegen 1230 fertiggestellt. Sicher waren die Gassen noch recht holprig, wahrscheinlich waren sie nur gekiest. Wo gepflastert war, hatte man die runden Wackersteine halbiert und mit der geschlagenen Fläche nach oben in den Kies und Sand gesetzt. Immerhin hatten die Gassen schon die für viele alemannische Städte typischen Bächle.

Das Gerüst musste immer höher hinauf gebaut werden; die waagrechten Holme steckten in ausgesparten Löchern, die später mit passenden Steinen geschlossen wurden. Man arbeitete auf schmalen, gesägten Gerüstdielen. Von anderen westeuropäischen Baustellen sind (aus Holzmangel!) auf Stangen geflochtene Matten als Arbeitsbühne überliefert. In Freiburg gab es wohl genügend gerades Tannenholz. Die Gerüststangen wurden mit Hanfseilen verbunden. Die Werksteine wurden meist auf Tragen herbeigebracht, und die Kräne waren noch sehr einfach.

Da das Baumaterial aus verschiedenen Steinbrüchen kam, war es in der Farbe nicht einheitlich. Die natürliche Mischung von gelblichen und rötlichen Sandsteinen, wie sie im Bruch vorkommen, wurde mit einer Farbschlämme sorgfältig ausgeglichen (wir Heutigen würden diese lebendige Farbigkeit wohl als etwas Positives empfinden). Friese und Kapitelle wurden farbig abgesetzt. Heute sind davon nur noch Spuren zu finden.

Abb. 18: Langsam wachsen die Mauern aus dem Boden (auf dem Bild: das Südquerhaus und die Nikolaus-Kapelle unter dem Südturm entstehen).

Abb. 19: Im Mörtelkasten werden mit Harken Sand, gelöschter Kalk und Wasser gemischt.

Abb. 20: Die Baustelle. Die nördliche Querhauswand ist hochgemauert. Der neue Chor und die Chortürme entstehen um den alten Chor herum. Auf dem Platz neben dem Friedhof »beilen« die Zimmerleute Balken und richten sie für die Turmhelme zu.

Abb. 21: Detail von den Chortürmen: Ein Biforium, verziert mit lombardischem Fries und kleinen Kugeln.

Der Chor und das Querhaus wurden so um den Chor der alten Kirche herum gebaut, dass man diese noch lange für den Gottesdienst nutzen konnte. Erst als man mit dem Bau der Vierungspfeiler begann, mussten Teile der alten Kirche abgerissen werden. Ihre Steine wurden in den Fundamenten vermauert.

In den neuen Chor sind große Fenster eingelassen; die Wände sind mit Blendgalerien verziert (d.h. sie sehen aus wie Fenster, sind aber blind, vorge»blendet«). In den beiden Türmen sind Biforienfenster eingesetzt.

Schmuck am Bau

Auch die Steine, die mit Schmuck versehen waren, mussten – in der Hütte vorbereitet – gleich mitversetzt werden. Das Würfelgesims und der Bogenfries, der sogenannte »lombardische Fries«, sind typische Merkmale für den romanischen Stil; sie gelangten wohl aus Oberitalien und der Lombardei auch nach Burgund und von da an den Oberrhein. Dazu kamen die einfachen Blattkapitelle und Rundsäulen.

Für den figürlichen Bilderschmuck auf den Reliefs waren natürlich besondere Steinmetze tätig. Die Motive in den Hütten von Basel und Freiburg waren einander ähnlich.

Abb. 22: Erst als man die Pfeiler für die neue Vierung zu bauen begann, mussten der Chor und zwei Joche der alten Pfarrkirche abgerissen werden. Das Abbruchmaterial wurde in den Fundamenten wieder vermauert.

Abb. 23: Die Vierung – die Kreuzung von Lang- und Querhaus – im Bau. Deutlich sind die Trompen zu sehen. In die Wand ist eine Wendeltreppe eingebaut, über die man vom Dachraum über dem Südquerhaus aus die obere Säulengalerie erreichen konnte. Diese wurde später abgerissen, als man das Langhausdach über die Vierungskuppel wegzog.

Nachdem die Pfeiler der Vierung hochgemauert waren, wurden über Lehrgerüste die großen Bogen gemauert und diese gegen die alte Kirche abgestützt. Über Eck wurden dann die »Trompen« gemauert, mit denen das Quadrat der Vierung in ein Achteck übergeleitet wurde.

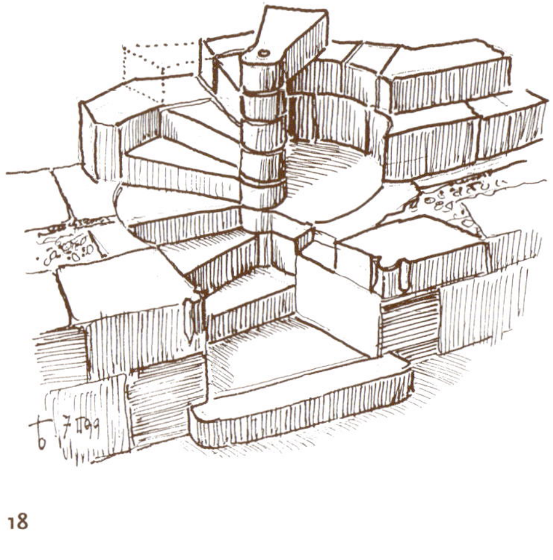

Abb. 25: Wie eine Wendeltreppe entsteht: Die Treppensteine liegen an der Außenseite auf den Mauern auf, in der Mitte ergibt sich die Spindel. Solche Treppen gibt es an vielen Stellen des Baus.

Wie viel vom ersten Joch des Langhauses nach Basler Muster schon gebaut wurde, lässt sich heute nur schwer feststellen. Ansätze für die Triforiengalerie sind auf jeden Fall heute noch in der gotischen Hochschiffwand zu sehen. Aus statischen Gründen müsste der erste romanische Pfeiler und Bogen noch fertiggestellt worden sein, der dann beim Stilwechsel wieder abgerissen wurde.

Im strengen Winter ruhte die Arbeit am Bau. Die zuletzt gemauerten Schichten wurden mit Stroh und Holz abgedeckt. In der Hütte ging die Arbeit weiter: Fürs Frühjahr wurden Gewölbesteine gerichtet, vor allem aber die Säulen und Kapitelle für die Biforien, die Fenster in den beiden Türmen.

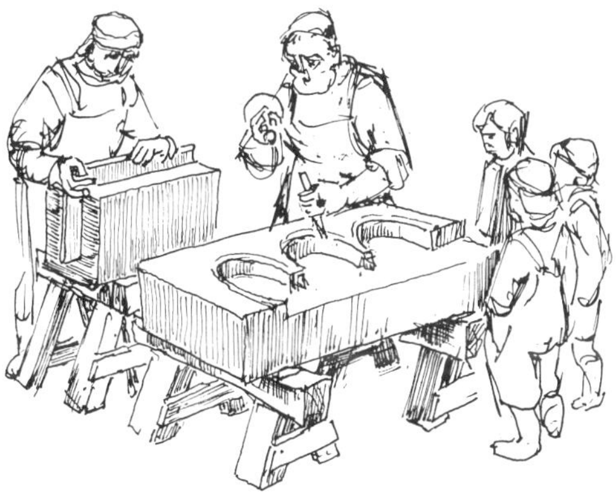

Abb. 24: Ein Werkstein mit lombardischem Bogenfries entsteht.

Abb. 26: Gerade wird mit der »Kralle« (»Wolf«) ein Schlussstein eingefügt.

Abb. 27: Triforium vom Nordquerhaus. So wäre auch das Langhaus nach Basler Vorbild gestaltet worden: Dort sind es die Fenster zu den Emporen über den Seitenschiffen (siehe auch Abb. 40 und 41).

Abb. 28: Biforium vom Südquerhaus, ein Fenster zum Obergeschoss des Südturmes (zur Schatzkammer). Deutlich ist am spitzen Bogen der Übergangsstil zu erkennen.

Auf einem der beiden Kämpfersteine ist eine Schulstunde zu sehen: Ein Mönch bringt einem Lamm und einem Wolf das ABC bei. Der Wolf aber bedroht das hinter ihm stehende Lamm. Darauf schlägt der Lehrer den Wolf mit der Rute und zeigt ihm den Vogel. »Was soll das bedeuten?« fragen die Buben, die dem Meister bei der Arbeit zusehen (Abb 31). »Nun, es geht da zu wie bei euch; kaum dreht sich der Lehrer um, ärgert ihr die schwächeren Kameraden!«

Aber hier will das noch mehr bedeuten. Der ungebildete (noch rohe) »Wolf« wird erst durch die Bildung, wenn er lesen und schreiben kann und die Heilige Schrift versteht, ein rechter Mensch. Und noch etwas: Auch eine Kapuze macht aus einem Wolf noch keinen Mönch! In der Ecke ganz rechts, da ist Samson in seiner Unschuld – er hat noch sein langes Haar, das ihm später Dalila abschneiden wird –. Er ist so stark, dass er einen Löwen erwürgen kann. In seiner Kraft ist auch er ein Symbol für Christus.

Übers Eck ist noch eine andere Geschichte dargestellt. Sie zeigt, wie der

Abb. 29: Für den Eingang zur Kapelle unter dem Südturm gab es besonders schönen Schmuck: einen Ranken-Fries über dem Zierbogen und im Eck ein Kapitell mit Löwen, die ihre Vorderpranken auf Menschenköpfe stellen.

Abb. 30: »Die Wolfsschule« und »Alexanders Himmelfahrt«. Kapitell und Fries aus der Nikolaus-Kapelle.

Hochmut des Menschen bestraft wird: Alexander der Große will, nachdem er die Welt erobert hat, auch den Himmel stürmen. Zwei Greifen, an einen Korb gebunden, lockt er mit je einem aufgespießten Hasen, zum Himmel zu fliegen (und ihn, der in dem Korb sitzt, mit emporzuheben). Dies geht eine Weile gut, aber dann stürzt er jämmerlich ab.

Auf der gegenüberliegenden Seite des Bogens sind alte – noch heidnische – Vorstellungen dargestellt: fischschwänzige Frauen, sogenannte Wassernixen. Eine Nixe mit doppelten Fischflossen, die aus den Beinen wachsen, stillt ihr Kind. Ein Vogel sitzt auf ihrem Arm. Der Stein, auf dem die Fortsetzung zu sehen ist, den hat der Bildhauer noch in Arbeit: Gegen einen Greif verteidigt sich ein Ritter mit Schild und Schwert. »Das ist der Kampf des Bösen gegen das Gute!«, erklärt der Bildhauer den Buben aus der Lateinschule.

Wie die meisten Dom- und Münsterkirchen, unterhielten auch die Freiburger – obwohl kein Bischofssitz – für den feierlichen Gottesdienst eine Knaben-»Schola«. Die Pfarrer und Kapläne der Pfarrkirche brachten den Buben nicht nur die liturgischen Gesänge (den Gregorianischen Choral) bei, sondern auch Lesen und Schreiben. Dies waren also die ersten öffentlichen Schulen (für die Mädchen waren die Frauenklöster zuständig). Dafür mussten die Scholaren bei der Gestaltung der feierlichen Gottesdienste als Ministranten und Sänger zur Verfügung stehen.

Abb. 31: Sicher haben die Steinmetze öfters Zuschauer gehabt.

Abb. 32: Stillende Wassernixe mit Wassermann.

Abb. 33: Gegen 1215 dürften die Zimmerleute den Dachstuhl über der Vierung aufgerichtet haben. Die Maurer konnten nun die Kuppel einwölben. Der Chor hat dann von außen wohl so ausgesehen wie der Chor an der ehemaligen Stiftskirche in Pfaffenheim/Elsass (siehe Abb. 35).

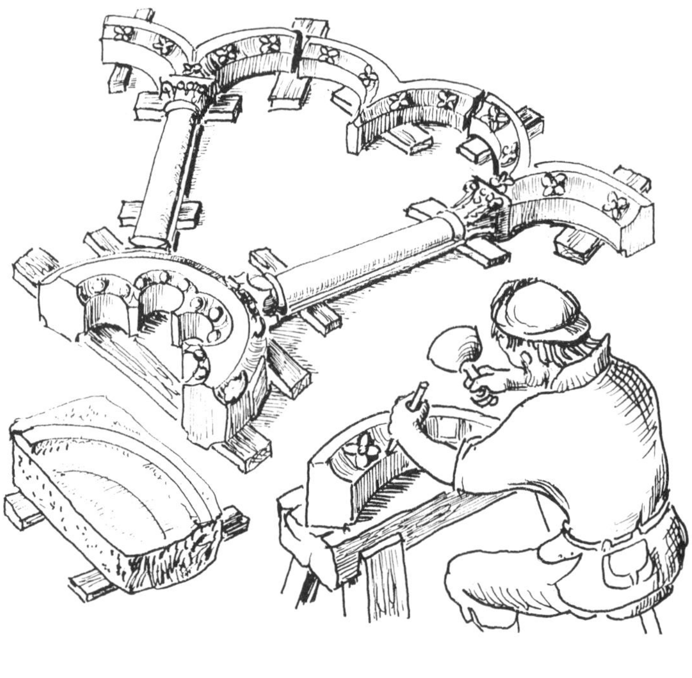

Abb. 34: Auf der Süd- und der Nordseite des Querhauses wurden über den drei Rundbogen-Fenstern große Radfenster eingebaut. Das Radfenster ist ein Symbol für die Sonne (und damit für Christus, das »Licht der Welt«). – Ein Steinmetz bearbeitet Teile eines Radfensters, das zunächst auf dem Boden zusammengelegt wird. In den Hohlkehlen sind kleine kreuzförmige Blüten zu sehen.

Im Jahr 1218 starb Bertold V. und wurde in seiner Pfarrkirche begraben. Zu diesem Zeitpunkt war der Chor mit den Türmen und dem Querhaus fertig. Die alte Apsis wurde nun abgerissen. Es ist wahrscheinlich, dass einige Jahre lang der neue Teil mit dem Rest der Basilika für den Gottesdienst benutzt wurde.

Bertold V. war ohne Erben gestorben. Seine Neffen stritten mit der Witwe und teilten das Erbe unter sich auf. Der eine erhielt den kyburgischen Teil, der andere, Egino (oder auch Egon genannt), den Freiburger Teil; er nannte sich von da an »Graf von Freiburg«.

Abb. 35: Der Chor in Pfaffenheim/Elsass (heute).

Abb. 36: Die Lage des ursprünglichen Grabes Bertolds V. hat sich bis heute nicht nachweisen lassen. Im romanischen Chor konnte er selbst als Bauherr der Kirche nicht bestattet werden, weil er weder Priester noch Mönch war. Kurz vor Vollendung und Weihe des nach Osten beträchtlich vergrößerten (spät-)gotischen Chores wurden seine Gebeine in ein neues Grab im südlichen Seitenschiff umgebettet, weil sein erstes Grab nach der Ausweitung des Chores wohl in den Bereich des künftigen Altarraumes geraten war.

Ursprünglich befand sich die liegende Ritterfigur im südlichen Seitenschiff in aufgebahrter Haltung auf dem Hochgrab des Freiburger Grafen Friedrich († 1356), den sie auch darstellte. Nach Beseitigung der oberirdischen Tumba wurde die Ritterfigur aufgestellt in einer Blendarkaden-Nische nahe dem Grab. Seither wird sie als Darstellung Herzog Bertolds V. gedeutet.

Abb. 37 und Abb. 38: Südliches Seitenportal mit einem Löwenkopf als Türgriff.

Abb. 39: Bischofsfigur: St. Nikolaus.

Über dem südlichen Seitenportal (Abb. 38) wurde im Tympanon die Figur des heiligen Bischofs Nikolaus – auf einem Faltstuhl sitzend – angebracht (Abb. 39). Für die Kaufleute ist er der Schutzpatron. Später wurde sein Patrozinium in die Kirche der »Neuburg«, der nördlichen Vorstadt, überführt. Die »Groß' Pfarrkirch« aber ward Maria geweiht: »Unser Lieben Frauen Münster« feiert das Patrozinium am Fest Mariä Himmelfahrt, d.h. am 15. August.

Das Portal erhielt einen bronzenen Türgriff: einen Löwenkopf mit einem großen Ring im Maul (Abb. 37). Wahrscheinlich wurde er in Hildesheim gegossen. Wer als Schutzsuchender den Ring ergriff, dem musste Asyl gewährt werden. Das Portal war auch Stätte für die Schlichtung von Streitfällen.

Abb. 40: Schnittzeichnung des romanischen Teils des Münsters und der ersten beiden frühgotischen Joche. Im ersten Langhausjoch gestrichelt eingezeichnet sind die kleineren Arkaden und die »Triforien« der Emporen des geplanten romanischen Langhauses.

Abb. 41: Das Münster in Basel ist vor dem Planwechsel zum gotischen Langhaus Vorbild für Freiburg. Emporen mit Triforiengalerien stützen das hohe Mittelschiff mit seinem Kreuzrippengewölbe (d.h. seinem gebundenen System: Jedem quadratischen Mittelschiff-Gewölbefeld sind beidseitig je zwei Seitenschiff-Quadrate angegliedert; das ergibt dann auch den Stützenwechsel in den Langhausarkaden).

Der Raum unter der Vierungskuppel war erhöht und durch eine gemauerte Brüstung gegen das Mittelschiff und die beiden Querschiffe abgegrenzt. Auf drei Seiten führten Treppen von hier hinunter. Oben war der Raum für die Kleriker und Sänger (die »scola cantorum«). Dort wurde auch musiziert (später sogar mit der tragbaren Orgel, dem sog. Portativ; siehe Abb. 194). Von der Brüstung wurden die Schriftlesungen für das Volk in übersetzter Fassung vorgetragen und ausgelegt. Deswegen nennt man eine solche Trennwand »Lettner« (von lat. lectionarium).

Neuer Plan, neuer Stil um 1230

Fenster des Nord-Seitenschiffs (Abb. 42a). Der gestrichelte Teil von Abb. 42b zeigt die Umrisse eines normalen Dreipasses; durch die Einengung aufgrund des Treppentürmchens bestand die tatsächliche bauliche Lösung dann aber im »missratensten Dreipass der Gotik« (Abb. 43). Immerhin kann man daran die Entwicklung der Formen erkennen!

Seit 1219 (von Kaiser Friedrich endgültig allerdings erst seit 1226) war Graf Egino I. als neuer Stadtherr anerkannt. Seine Familie hatte enge Beziehungen zu den aus der Champagne gekommenen Zisterziensern. Mit ihnen kam eine neue Form der Frömmigkeit, die sich auch in einer neuen Baugesinnung niederschlug. Sie konnte sich leicht durchsetzen, da die Freiburger Kaufleute geschäftliche Verbindungen in die Champagne unterhielten und von daher die neuen Bauformen kannten.

So beschloss man, den eben erst nach Basler Vorbild aufgeführten ersten Teil des geplanten spätromanischen Langhauses mit Triforiengalerien nicht weiterzubauen. Statt dessen wollte man nun ein gotisches Langhaus nach französischem Vorbild. Zwischen dem ersten und zweiten (romanischen) Pfeiler führte man den ersten gotischen Pfeiler auf. Der Weiterbau ging in kleinen Schritten voran. Man riss vom aufgeführten spätromanischen Langhausteil immer nur das ab, was dem nächsten gotischen Bauabschnitt im Wege stand (vgl. Abb. 44a). Mit breiteren Seitenschiffen und weiter gespannten Spitzbogen wurde der Bau weitergeführt. Die größeren Fenster lassen mehr Licht in den Raum; sie sind mit Maßwerken unterteilt. An die Ecken der Querhäuser wurde je ein Treppentürmchen gebaut, das südliche von einem Reiher, das nördliche von

einem Hund bekrönt. Beide Tiere sind Symbole der Wachsamkeit. Durch die Türmchen wurde allerdings die Konstruktion der Maßwerke erschwert.

Auf der Nordseite sind die Fenster einfacher gestaltet. Der Schmuck ist dort weniger aufwändig gehalten, denn die Nordseite galt als die Seite der Dunkelheit und des Todes, während die Südseite ja der Sonne, dem Leben zugewandt ist.

Der alte Meister hatte Mühe gehabt, mit den Maßwerken des Fensters neben den Türmchen zurechtzukommen. Der

Abb. 44: Gegen 1235 wurden die Seitenschiffwände hochgezogen und die Maßwerke in die Fenster eingesetzt. Man sieht auf der Zeichnung, wie die Bündel-Pfeiler der ersten beiden Joche des Langhauses gemauert werden. Die Steinmetze bereiten die Steine vor. Zwei oder drei halbrunde ergeben, aufeinander gesetzt, die Säulen; sie werden bis zu den Gewölben hochgemauert. Helfer bringen in Schubkarren den Mörtel. Die Zimmerleute haben komplizierte Kräne und die Lehrgerüste für die Wölbungen gebaut. Für die nächsten Pfeiler werden schon die Fundamente gegraben. Von Pfeiler zu Pfeiler werden die Jochbogen und die Langhaus-Bogen (Arkaden) gewölbt.

Dreipass auf der Südseite wirkt auf uns Heutige gedrückt, weil wir Meisterwerke der hohen Gotik kennen, zu denen wir den Vergleich ziehen können. Erst das nächste Fenster »gelang« nach den Regeln der Gotik, wenn auch die Profile noch höchst einfach waren (vgl. Abb. 53 und 134–136).

Die neuen Bauleute kamen sicher auch mit einem neuen Meister. Sie brachten nicht nur neue Formen mit, sondern auch neue Erkenntnisse, die für die Statik wichtig waren.

Weil die Obergadenfenster sehr groß waren und dadurch zu weit über die durch Emporen abgestütze Zone der Hochschiffwände hinausragten, waren in Cluny mehrere Gewölbejoche eingestürzt. Bernhard, Abt von Clairvaux, Gründer des benachbarten Klosters Fontenay, nannte das in einem Brief an den Abt von Cluny »die Strafe für den Hochmut«. Immerhin hatten die Zisterzienser in Pontigny (Nordburgund) schon über die Dächer der Seitenschiffe hinweg Strebebogen als Stützen eingesetzt. In der Benediktinerabtei St. Denis bei Paris hatte Abt Suger von seinen Bauleuten zum ersten Mal hohe, lichtere Chorfenster gefordert, um durch das mystische Licht den Gläubigen die Gotteserfahrung zu erleichtern. Mit den Strebebogen wurde dies möglich. Ihre Erfindung könnte man als Geburtsdatum der Gotik bezeichnen.

Eine Theorie zum Stilwandel (Abb. 44a)

Der erhöhte Teil hinter dem Lettner dürfte aus der alten Basilika beibehalten worden sein. Die Lettnermauern sind an der entsprechenden Stelle dargestellt, der obere Abschluss ist hypothetisch. Sicher war auf den Wandflächen eine spätromanische Dekoration vorhanden.

Der westliche Vierungsbogen erlaubt gerade noch den Blick auf zwei der vier Trompen, die den vierseitigen Raumteil in den achtseitigen mit der Kuppel überleiten. Der erwähnte erhöhte Teil im Bereich der Vierung (hinter dem Lettner) war wohl bereits Chorraum der alten Basilika. Auf der Südseite (rechts im Bild) ist deutlich zu sehen, dass die Hochschiffwand mit den Triforien für die Emporen nach dem Vorbild des erst kurz zuvor erbauten Basler Münsters errichtet worden war.

Mittelalterliche Mauern bestehen in der Regel aus einer einfachen oder doppelten Reihe behauener Quader sowohl auf der Innen- wie auf der Außenseite. Der Zwischenraum wurde mit unbehauenen Steinen aufgefüllt und mit Kalkmörtel ausgegossen. Die Mauer bestand also aus zwei Schalen und einem Kern. Wohl diese Bauweise hat es ermöglicht, zuerst stückweise die romanischen Bogen auf der Innenseite und das darüber befindliche Mauerwerk mit den Triforien abzureißen – und das äußere Mauerwerk erst später.

Trotzdem ist bis heute ungeklärt, wie die gotischen Bauleute es technisch bewerkstelligt haben, die Bausubstanz des spätromanischen Langhauses auszutauschen, ohne dass die westlichen Vierungspfeiler der Kuppel eingestürzt sind. (Für die Informationen danke ich Herrn Dipl. Ing. Karl Becker.)

Abb. 44a: Innenansicht des Münsters zur Zeit des Stilwandels (etwa um 1225–1230). Blick aus dem noch stehenden Teil der alten konradinischen Basilika in den bereits fast fertig gestellten östlichen Teil des bertoldinischen Chores mit dem großen Jesse-Fenster. Über dem Altar hängt das große, silbergetriebene und teilvergoldete Kreuz, das der Bruder Bertolds V., Rudolf von Zähringen, Bischof von Lüttich, gestiftet hatte (heute in der Böcklinkapelle).

Abb. 45: Die ersten beiden frühgotischen Joche des Langhauses im Bau.

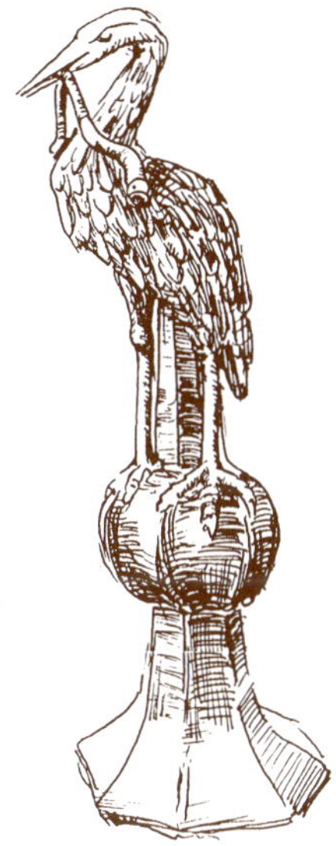

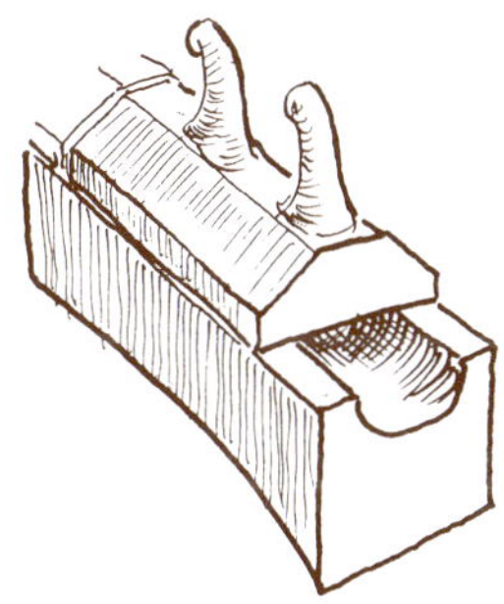

Abb. 46: Der neue (»gotische«) Meister lässt die Seitenschiffe einwölben. Hier werden die »Lehrgerüste« aufgezogen und eingebaut.

Abb. 47: Reiher vom Treppentürmchen.

Abb. 48: Überdeckte Rinne auf den Strebebogen des Dachentwässerungssystems.

Abb. 49: Auf die Lehrgerüste für Gurt- und Schildbogen wird die Bretterschalung aufgebracht. Darauf werden die Gewölbesteine aufgemauert und von oben und unten mit Mörtel bestrichen. (Auf der Zeichnung sind die schon hochgemauerten Pfeiler und die Mauern mit den Fenstern der besseren Sicht halber weggelassen.)

Die kreuzweise sich überschneidenden Gewölbe über den Rippen nennt man Kreuzrippengewölbe. Die Hochschiffwände sind von großen Maßwerkfenstern durchbrochen und werden mit Strebebogen über die Seitenschiffe hinweg abgestützt. Die Strebebogen müssen den Seitenschub der später einzubauenden Hochschiffgewölbe ableiten.

Auf die Strebebogen wird zugleich eine Steinrinne gemauert, über die das Regenwasser vom Dach des Mittelschiffes zu den Wasserspeiern an den Strebepfeilern geleitet wird.

Auf den Strebepfeilern lasten Aufbauten mit kleinen Türmchen, den sogenannten Fialen, und Tabernakeln mit Statuen darin. Mit ihrem Gewicht, das senkrecht auf die Pfeiler wirkt, soll die schräg auf die Pfeiler wirkende Kraft des Gewölbeschubes zur Senkrechten hin umgeleitet werden, damit der Pfeiler nicht umkippt.

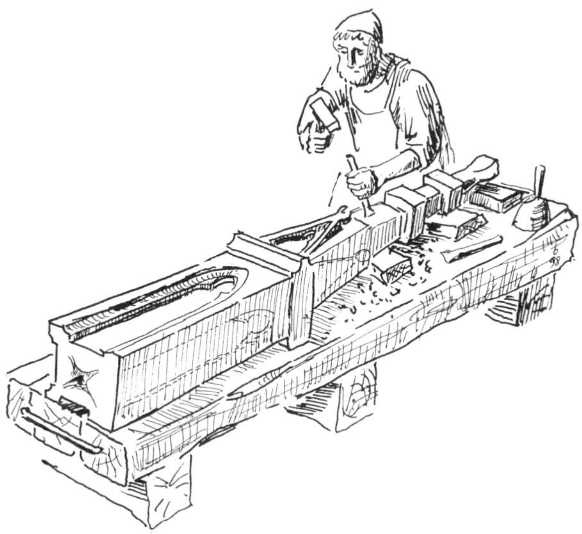

Abb. 50: Dieser Wasserspeier stellt einen Mann dar, der einen größeren Mann mit Kapuze huckepack tragen muss. Stellt dies einen Angsttraum dar oder will es die den kleinen Leuten aufgebürdeten Lasten ausdrücken?

Abb. 51: Die Zimmerleute fertigen die Lehrgerüste für die Gewölbe. Alles muss von Hand gebeilt, gesägt und gebohrt werden.

Abb. 52: Eine Fiale in Arbeit.

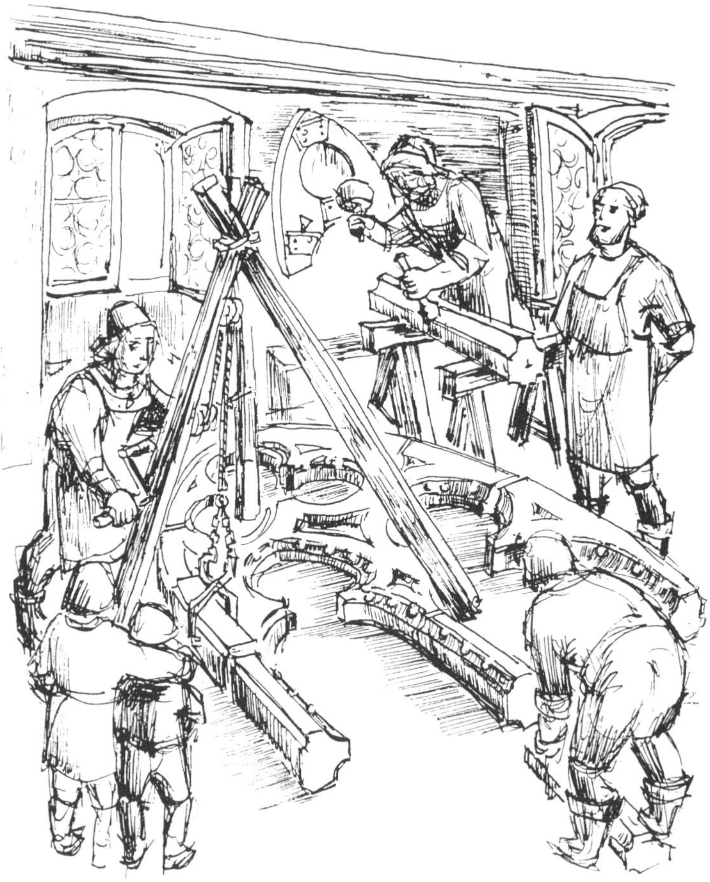

Die ersten gotischen Maßwerkfenster im Hochschiff (Obergaden) aus der Mitte des 13. Jahrhunderts tragen z.T. noch romanisches Kugel-Dekor. Die Profile sind im Vergleich zu den hochgotischen aus der Mitte des 14. Jahrhunderts einfach gehalten.

In der Bauhütte werden die Teile vor dem Einbau auf dem Boden zusammengelegt, um die Passgenauigkeit zu überprüfen. Nach letzten Korrekturen werden die Teile schließlich am Bauwerk versetzt.

Es fehlt nie an Zuschauern. Manche von den Freiburger Buben lernen in der Bauhütte und treten ihr nach Lehr- und Wanderjahren als Gesellen bei.

Die Bäume, aus denen die Balken für den Dachstuhl über den beiden östlichen Mittelschiffjochen gehauen wurden, sind ihren Jahresringen zufolge im Winter 1256 gefällt worden. Üblicherweise zimmerte man den Dachstuhl im Laufe des Sommers desselben Jahres und richtete ihn anschließend auf.

Bald danach werden die Gewölbe gemauert worden sein. Vermutlich hat man das fertiggestellte Stück des Langhauses nach Westen hin mit einer provisorischen Mauer oder Holzwand abgeschlossen, um in diesem Raum Gottesdienste feiern zu können.

Wie viel Geduld mussten die Bürger aufbringen, um die Vollendung zu erreichen – erlebt hat es erst die dritte Generation!

Abb. 53: In der Hütte werden Teile eines Maßwerkfensters auf dem Boden auf ihre Passgenauigkeit geprüft.

Abb. 54: Ein Wasserspeier in Arbeit.

Abb. 55: Zustand des Münsterbaus um 1256. Noch ist der Mittelschiff-Dachstuhl nicht über die Kuppel der Vierung hinweg verlängert. Die Vierungskuppel hat noch ihr eigenes Dach.

Für den Weiterbau des Langhauses wurden nun die noch stehenden Teile der alten Pfarrkirche abgetragen. Nur die Eingangshalle des alten Westturmes musste man zunächst belassen, weil sie für Gerichtsverhandlungen noch benötigt wurde.

Und wieder einmal stockt die Arbeit. Ein neuer Meister von der Straßburger Hütte wird verpflichtet. Er ist mit den Bauformen der »Gotik« aufs Beste vertraut und bringt ein neues Konzept ein.

Erneut ein neues Konzept

Ein Turm mit quadratischem Grundriss über einer großen, weiten Vorhalle: Mit diesem zweiten Bauabschnitt hielt sich der neue Meister beim noch fehlenden Teil des Langhauses an die Vorgaben seines Vorgängers. Nur die Details ließ er in fortgeschritteneren Formen der Gotik gestalten. Die lichte Breite und Höhe der Arkaden und die Breite des Langhauses behielt er bei. Damit änderte sich auch nicht die Größe der Joche.

Abb. 56: Mit Seilen wird der Bau vermessen und abgesteckt. Wie seit den Zeiten der alten Ägypter bildet ein Seil mit den Seitenlängen 3:4:5 einen rechten Winkel. Aus drei gleich langen Latten bildet man ein gleichseitiges Dreieck. Das ist das Grundelement und die Maßeinheit des ganzen Baus.

Abb. 57: Die Hebewerkzeuge wurden weiter entwickelt. Die Zimmerleute bauten Kräne mit Laufrädern. Mit diesen »Maschinen« war es möglich, Lasten vom Vielfachen des menschlichen Körpergewichts in die Höhe zu heben. Viele Handwerker in der Stadt bekamen Arbeit und Lohn: die Drechsler für die Rollen und Umlenkrollen, die Schmiede für die Beschläge und Werkzeuge. Die Seiler mussten besonders starke und überlange Seile fertigen und die Bauern den Hanf dafür liefern. Der Hanf aus dem Breisgau war weithin begehrt.

Die Fundamente wurden sehr sorgfältig gesetzt. Drei bis dreieinhalb Meter tief wurde in den kiesigen Grund gegraben und dort zum Teil mit dem Baumaterial vom Abbruch der alten Kirche gemauert. Es dauerte lange, bis die Mauern aus dem Boden herauswuchsen und man die Größe des neuen Münsters erkennen konnte.

**Abb. 58: Die Turmfundamente und die Portalzone im Bau.
Die Ostjoche und die Vierung mit provisorischem Abschluss.**

Abb. 59: Über der Portalvorhalle wird die Michaels-Kapelle eingewölbt.

Den Spitzbogen der Portalvorhalle bekrönt ein großer »Wimperg«, ein Dreiecks-(Zier-)Giebel. In diesen Wimperg setzen die Steinmetzen eine Figurengruppe ein: »Mariä Krönung«. Der göttliche Sohn Jesus hat seine Mutter Maria gekrönt. Engel schwingen zu ihren Häupten Weihrauchfässer, zwei weitere Engel und zwei Heilige stehen zu beiden Seiten.

Über der Portalvorhalle wird eine Kapelle eingewölbt (die heute eine Orgel beherbergt und Platz für den Domchor bietet). Nach Fertigstellung des Turmes (1366) wird die Kapelle dem Erzengel Michael geweiht, dem Schutzpatron gegen die Nacht-Dämonen und alles Böse. Große Öffnungen bringen viel Licht in den Raum. Und die Abendsonne wird später das ganze Kirchenschiff durchfluten.

Die Maßwerke werden erst später eingesetzt, um Beschädigungen zu vermeiden. Auch die Figuren und schmückende Kleinteile werden erst später versetzt, weil durch die Öffnungen im Gewölbe das ganze Baumaterial nach oben gezogen wird und leicht Schäden verursachen kann. Nur die Konsolen und Baldachine für die Figuren müssen aus bautechnischen Gründen gleich (d.h. schon um 1280) mit den Steinquadern ins Mauerwerk versetzt werden (siehe Abb. 61).

Abb. 60: Marienkrönung. Zwei Werkleute versetzen die drei Teile der Figurengruppe, die mit einem Kran von oben heruntergelassen werden.

Abb. 61: Konsolen und Baldachine werden versetzt.

Das Verhältnis zu den Grafen als Stadtherren war nicht immer ungetrübt. Der Rat kämpfte um Rechte wie die Eigengerichtsbarkeit (ohne Vorsitz der Grafen) und die Einkünfte aus den Verbrauchssteuern (dem »Ungeld«) auf Korn und Wein, aber auch um den Schutz der Kaufleute unterwegs.

Kaiser Friedrich II. hatte beim Tode Bertolds V. die Burg Zähringen als Reichslehen einbehalten. Der Kampf der Herzöge um das Erbe und später die Parteinahme bei der Wahl des Nachfolgers König Rudolfs von Habsburg hatte Fehden zur Folge, in die auch die Stadt verwickelt war. Sie kosteten Geld, und um das zu beschaffen, versuchten die Stadträte, neue Rechte auf eigene Steuern zu erwerben.

Abb. 62: Kreuzblume (um 1280).

Abb. 63 und 64: So wie sich die Grafen an den Pfeilern des Hauptturmes darstellen ließen, mögen sie auch zu Gericht gesessen haben: flankiert vom Schild- und Schwertträger und einem Gerichtsschreiber. Diese Gerichte (auch das Blutgericht) fanden auf dem Friedhof am Münster statt.

Abb. 65: Blick in die Bauhütte. Es entstehen Figuren für die Vorhalle und Teile des Tympanons.

Während der Turm in die Höhe wächst, entstehen in der Hütte die Figuren, Säulen, Kapitelle und Wimperge für die überreiche Ausschmückung der Portalhalle. Der Figurenzyklus wird den Betrachtern die ganze Heilsgeschichte vor Augen führen und den Leuten, die nicht lesen können – damals also dem größten Teil der Bevölkerung – die Worte der Prediger wieder in Erinnerung rufen. Das Thema der Figuren bespricht der Meister mit dem Münsterschaffner, der zumeist aus dem Klerikerstand stammt, also theologisch kundig ist.

Auf Abb. 65 sieht man, wie der Meister die Komposition auf die Blöcke des Tympanons (Bogenfeldes) aufzeichnet und wie andere Steinmetze die Figuren aus dem Stein schlagen. Gerade sind die zwei unteren Felder des aus sechs Blöcken zusammengesetzten Tympanons in Arbeit. Zwei andere Werkleute arbeiten an den Figuren für die Seiten, und zwei Helfer schaffen auf einem Handkarren neue Blöcke herbei.

Abb. 66: In der Hütte entstehen »der Fürst dieser Welt«, »Frau Welt«, »Die klugen und die törichten Jungfrauen«, und die »Artes liberales«, die »Freien Künste«.

Abb. 67: Sicher haben auch die Orden der Franziskaner und Dominikaner großen Anteil daran, daß die Bilderwelt des Münsters zu Unterrichtszwecken eingesetzt wurde. Hier erklärt ein Franziskanermönch den Kindern die Bedeutung der beiden Figuren »Ecclesia« und »Synagoge«.

Wie schon erwähnt, musste man die Konsolsteine und Wimperge gleich mit in die Turmwand einmauern; die Figuren dagegen wurden erst später versetzt. Die Arbeit daran dauerte wohl an die 20 Jahre (1270 bis gegen 1290). Kein Wunder also, dass die Figuren in Stil und Qualität nicht alle gleich sind. Manche Steinmetze kamen von anderen Hütten, etwa von Basel, von Reims oder Straßburg und brachten von dort auch eigene Ideen und Themen mit, so »die klugen und törichten Jungfrauen« (nach einer Gleichnisrede Jesu), den »Fürst dieser Welt« (den eitlen Blender und Verführer, d.h. den Teufel) und »Ecclesia und Synagoge« (Kirche und Judentum, Neues und Altes Testament). Ecclesia, die mit Kreuzstab, Siegesfahne und dem Kelch mit dem Blut des Erlösers triumphiert, ist der Synagoge gegenübergestellt. Deren Stab ist zerbrochen, und ihre Augen sind verbunden dargestellt, weil sie den Messias nicht erkannt hat. Ihre Gesetzestafeln hält sie gesenkt – zu Stein gewordener Ausdruck einer mittelalterlichen Theologie, die man heute nicht mehr teilen kann.

Es entstehen auch die Figuren der sieben »Freien Künste«, die den Inbegriff des damaligen Gesamtwissens darstellen: das »Trivium« (der »dreifache Weg«: Grammatik, Rhetorik und Dialektik) und das »Quadrivium« (der »vierfache Weg«: Arithmetik, Geometrie, Musik und Astronomie).

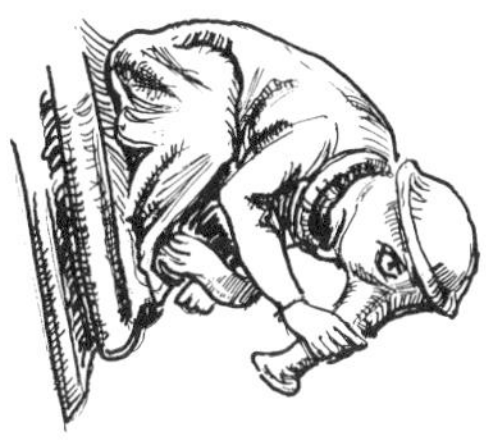

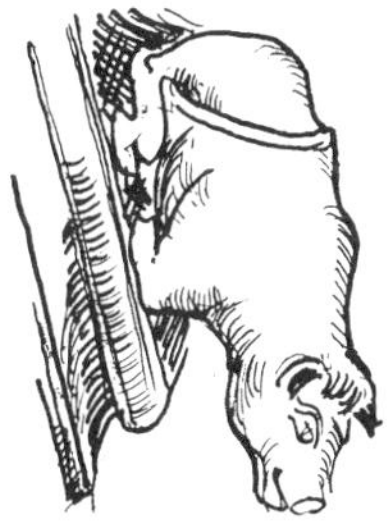

Abb. 68: In der Hütte entstehen die Apostel für die Süd-Strebepfeiler.

Abb. 69 und 70: Allerlei lustige Figuren, an denen nicht nur die Kinder Spaß haben, sind in den Zwickeln der Wimperge angebracht: der Nasentrompeter, dessen Nase in einer Trompete endet, Hunde und Schweinchen und natürlich das »betende Teufelchen«, das jeder Freiburgbesucher gesehen haben muss (Abb. 78).

Abb. 71–77:
Die »Freien Künste«:
Die »Grammatik«, erkenntlich an der Rute, mit einem fleißigen und einem faulen Schüler (der schon das Gewand abgelegt hat, weil er gezüchtigt werden soll).
Die »Dialektik« zeigt die Geste des Argumentierens.
Die Rhetorik, »Goldmund«, hält Goldmünzen in den Händen.
Die »Geometrie« trägt Winkelscheit und Zirkel.
Die »Musik« schlägt mit dem Hammer an die Glocke.
Die » Arithmetik« hält ein Zählbrett in der Linken.
Die »Astronomie« hält in der Hand eine Wasseruhr (ein Wasserglas, das früher auch als Urin-Beschauglas des Mediziners gedeutet wurde).

Als das Tympanon fertig war, wurden die Teile auf den Boden gelegt, und viele Neugierige kamen zum Gucken. Die Patres hatten viel zu erklären. Die Archivoltensteine (Bogenwülste) und auch die Figuren darin wurden gleich versetzt, sodann der Mittelpfeiler der Doppeltüre mit den feinen Rosenornamenten und darauf die sechs Felder des Tympanons. Die Figuren wurden erst ganz zum Schluss auf ihre Podeste gehoben und versetzt.

Abb. 78: Das »betende Teufelchen« und »der Engel mit der Waage«.

Eines der schönsten Stücke ist die Madonna auf dem Mittelpfosten der Doppeltüre: »Maria mit dem göttlichen Jesusknaben auf dem Arm«. Aus der Seite des schlafenden Jesse (auf dem Podest über den drei tragenden Säulen) wächst das »Reis Jesse«, dessen letzte Sprösslinge – dem Propheten Jesaja zufolge – Maria und das Jesuskind sind. Erst nachdem die Madonna ihren Platz hatte, wurde der ganze Sinn-Zusammenhang verständlich; die Rosen wachsen aus der Seite des Jesse herauf und umranken den ganzen Pfosten und das ganze Tympanon. Dann sind die Christgeburt und ihre Verkündigung an die Hirten als fortlaufende Bildergeschichte dargestellt, danach die Passion (Gefangennahme und Geißelung Jesu und Judas, der sich erhängt). In der darüber liegenden Reihe: das Jüngste Gericht mit den Toten, die aus ihren Gräbern auferstehen. Der Engel mit der Waage in der Mitte der Gruppe scheidet die Guten von den Bösen. In der Waagschale: zwei Seelen. Ein Teufel hängt sich von unten an die Sündenwaage, um das Prüfergebnis zu verfälschen; der Teufel daneben reibt sich die Hände – eine Geste, die, gänzlich missverstanden, zum Namen »Betendes Teufelchen« führte.

Darüber sind dargestellt: links die Gerechten, rechts die Verdammten, die von einem Teufel an einer Kette in den

Abb. 79: Rosenranken rahmen den Mittelpfeiler und das Tympanon ein.

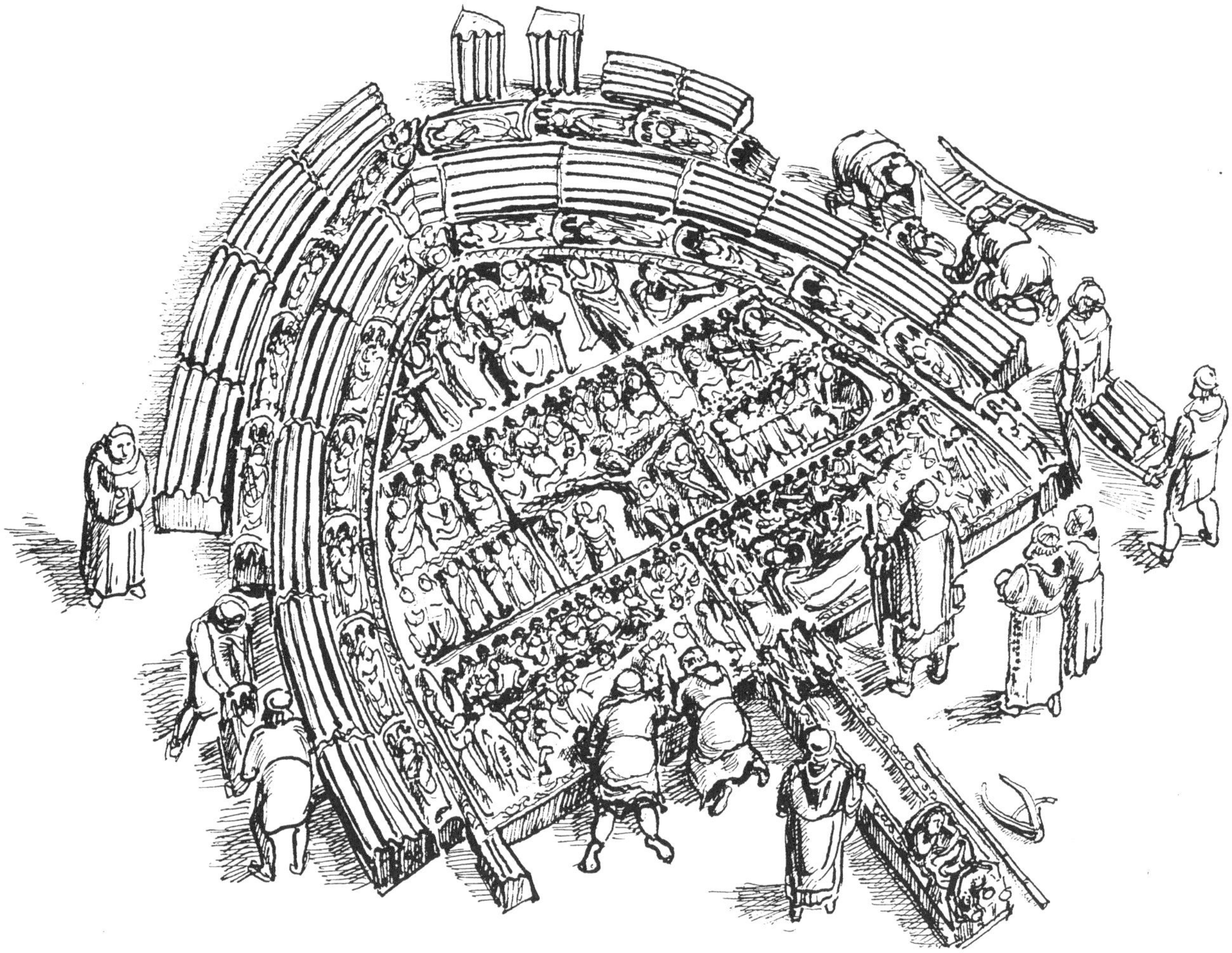

Abb. 80: Das Tympanon des Hauptportals.

Höllenrachen gezogen werden. Links wie rechts sind alle Stände vertreten: Bischöfe und Könige, Hohe und Niedere!

Das Mittelstück zeigt die Kreuzigung mit Maria und Johannes links sowie dem Hauptmann Longinus mit der Lanze rechts unter dem Kreuz. Zu Füßen des Kreuzes liegt der Schädel Adams, des Menschen schlechthin. Das will auch an zwei alte Legenden erinnern, die Jacopo de Voragine in seiner »Legenda aurea« überliefert; die eine besagt, dass Adams Grab sich unter dem Kreuz befunden habe, die andere, dass aus dem Kern des Apfels, den Adam und Eva gegessen hätten, ein Baum gewachsen sei, und aus dessen Stamm sei das Kreuz gezimmert worden …

Die oberste Zone auf dem Spitzbogen nimmt das Gericht ein. Die Figurenfolge weist Christus die Rolle des Richters und seinen Aposteln die von »Schöffen« zu. Maria und Johannes der Täufer knien rechts und links als Fürbitter. Engel zeigen das Kreuz und die übrigen Leidenswerkzeuge.

Andere Engel blasen mit Posaunen in die vier Himmelsrichtungen. Sie findet man in den Ecken rechts und links, oben und unten.

Die Arbeiten in der Portalvorhalle dürften gegen 1300 vollendet gewesen sein. Ab wann die Vorhalle als Ort für das Marktgericht benutzt wurde, ist schwer zu sagen, aber sicher war es nicht vor 1300, auch wenn schon 1270, in einem Hungerjahr, außen am Turmpfeiler Brotmaße eingemeißelt wurden, und erneut 1317, in einem weiteren Hungerjahr (siehe Abb. 115). 1320 war wieder eine Normalernte.

Abb. 81: Die Madonna des Portal-Mittelpfeilers. Der schlafende Jesse (unten) erinnert an das Adventslied: »Es ist ein Ros' entsprungen, aus einer Wurzel zart ... von Jesse war die Art«.

Die Glocken

Das Datum der Aufrichtung des Glockenstuhles ist umstritten. Eine Chronik der Augustinerinnen nennt das Jahr 1283. Die Jahresringe-Untersuchung ergibt als Fälldatum die Jahre 1263 und 1290, d.h. dass hier wohl in zwei Phasen gebaut wurde. Leider sind die Untersuchungen des Fälldatums der großen Eckpfosten noch nicht abgeschlossen. Mit ein bisschen Kombination lässt sich nachvollziehen, wie es gewesen sein könnte: 1258 Guss der ersten Glocke – 1263 provisorische Aufstellung auf dem Platz vor dem Turm – 1281 Weihe der zweiten Glocke, Erweiterung des Glockenstuhls – 1283 Aufstellung des ersten Teiles auf dem Turm, wie die Chronik meldet – 1290 Rest des Aufbaus auf dem Turm, auch als Baugerüst für den Weiterbau. Warum wäre sonst der um 1280/85 berufene neue Meister gezwungen gewesen, den Turm um den Glockenstuhl herumzubauen?

Abb. 82: Glockenguss in der hinteren Ecke des südlichen Seitenschiffs; Aufbau der Form und des Schmelzofens.

Zu einer Kirche gehören auch Glocken. Sie hatten immer schon eine wichtige Funktion. Sie riefen die Gemeinde nicht nur zum Gottesdienst, sondern auch zu anderen wichtigen Anlässen, informierten über Tod und Leben, mahnten zu Zinszahlungen und alarmierten bei Feuer- und Kriegsgefahr.

1258 wurde die erste Glocke, die »Hosanna«, für das Geläute des neuen Turmes gegossen. Mit 3290 Kilogramm und 1,61 Meter Durchmesser stellt sie eine beachtliche Leistung der Glockengießerkunst dar. Sie ist die erste und älteste »Angelusglocke« Deutschlands. Die Inschrift auf der Glocke ist Programm und Gebet zugleich:

† ANNO DOMINI MCCLVIII XV KLAS AUGUSTI STRUCTA EST CAMPANA † O REX GLORIE VENI CUM PACE † ME RESONANTE PIA POPULO SUCURRE MARIA

Frei übersetzt: »† Im Jahre des Herrn 1258 am 18. Juli wurde die Glocke gegossen. † O König der Herrlichkeit, komm, bring Frieden. † Wenn ich erklinge, komm deinem Volke zu Hilfe, Maria.« Die Bitte um Frieden war damals hochaktuell – und sie ist es auch heute noch!

Wie eine Glocke gegossen wurde:
In einer Grube in der südwestlichen Ecke des Baus wurde die Gussform vorbereitet. Über dem gemauerten Kern und einem Schamotte-Überzug wurde die Glocke im Maßstab 1:1 aus Wachs modelliert, auch aller Schmuck und die Schrift, die sogenannte »Glockenzier«, aufmodelliert. Bronzestifte wurden durch das Wachs bis in den Kern gesteckt. Der Eingusstrichter und die Kanäle für das Entweichen der Luft, die sogenannten »Windpfeifen«, wurden aus Wachsstangen angebracht. Darüber kam wieder ein Schamotte-Überzug als Mantel. Durch Erhitzen wurde das Wachs ausgeschmolzen. Die Bronzestifte verhinderten ein Verschieben von Außen- und Innenform. In den so geschaffenen Hohlraum ließ man die Bronze, die »Glockenspeise«, vom höher angelegten Ofen einfließen, nachdem man den Mantel mit Ziegelsteinen ummauert und die Grube wieder mit Sand und Kies aufgefüllt hatte.

Nach vielen Tagen des Abkühlens wurde die Grube freigelegt und der Mantel zerschlagen. Die »Windpfeifen« und die Haltestifte wurden abgesägt und die Glocke aus der Grube gehoben und fein nachbearbeitet.

Abb. 83: Der Aufbau der Form. Der gemauerte Kern bekommt einen Tonüberzug, der mit einer Lehre (Schablone) geglättet wird.

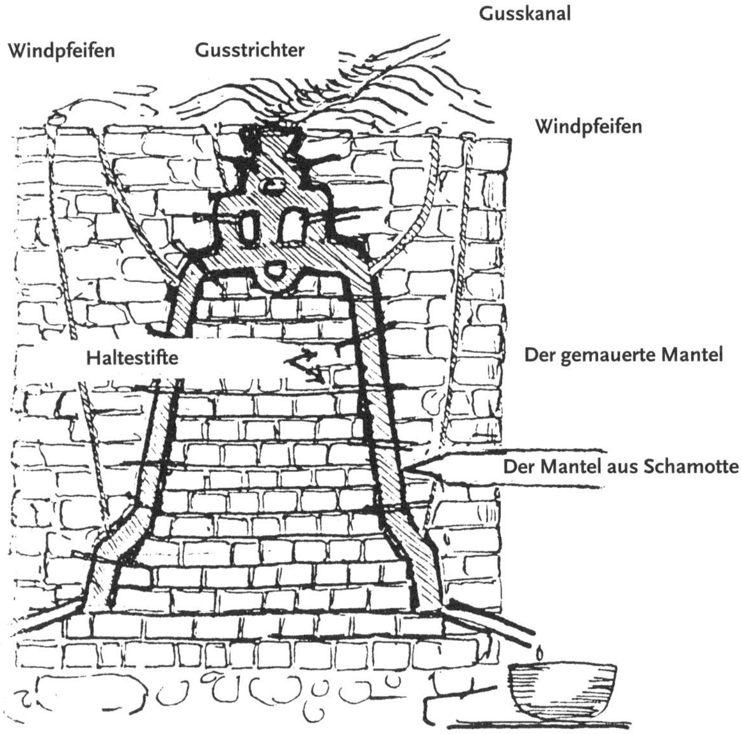

Da der Turm noch nicht so weit war, wurde die neue Glocke auf einem besonderen Gerüst auf dem Münsterplatz aufgehängt. Die Glockenweihe und ihr erstes Läuten war sicher ein Fest in der Stadt. Über 20 Jahre mussten die Bürger warten, bis wieder ein solches Fest gefeiert werden konnte. Erst 1281wurde die zweite, die »Predigtglocke«, gegossen. Mit 1800 Kilogramm Gewicht war auch sie ein beachtliches Stück. Auch sie konnte noch nicht im endgültigen Glockenstuhl aufgehängt werden, denn dieser wurde (aus unbekannten Gründen) erst um 1290 von den Zimmerleuten aufgeschlagen. Ein besonders großes Tretrad wurde fest eingebaut. Es befindet sich bis heute dort. Mit ihm wurden die Baumaterialien auf die obere Plattform gehoben und auch die Glocken hochgehievt. Die mächtigen Tannen- und Föhrenstämme hatte man die Dreisam herunter und durch den »Floßgraben« an die Stadt und mit Fuhrwerken hineingebracht.

Abb. 84: Schnittzeichnung.

Abb. 85: Durch Erhitzen des gemauerten Mantels schmilzt das Wachs aus. So entsteht die Hohlform.

Abb. 86: Der Mantel wird zerschlagen, die Grube freigeräumt. Durch die freigelegten Haltestifte sieht die Glocke wie ein Igel aus. Sie wird nun noch fein bearbeitet.

Zweiter Teil
Vom Turmbau bis zum neuen Chor

Datentafel 1280–1400

1272–1316 Graf Egino II.: Streit mit Rudolf von Habsburg um sein Erbe, die Zähringer Burg.
1275 Erste Belagerung Freiburgs durch König Rudolf von Habsburg.
1278 Egino II. zerstört mit Hilfe der Stadt Freiburg die Burg Zähringen. Albrecht von Habsburg belagert die Stadt zum zweiten Mal.
um 1280 Änderung des Turmplanes mit der Idee der Überleitung vom Quadrat ins Achteck. Ausführung des neuen Planes vom heutigen Uhrengeschoss an; Sterngalerie mit Meisterporträts als Konsolsteinen.
1281 Rudolf von Habsburg belagert die Stadt erneut.
Die Stadt übernimmt die Sühnezahlungen Eginos.
1282 Rudolf von Habsburg bestätigt den Freiburgern ihre Rechte und Freiheiten.
um 1290 Aufrichtung des Glockenstuhls.
1297 Erste erhaltene Urkunde mit Stiftungen für das Münster.
1302 Stiftung von Ewiglichtlampen »unten in den neuen Turm«.
Das Holz für den Dachstuhl des Langhauses wird geschlagen.
um 1320 Der Hauptturm wird oben fertig. Montage der Feinteile von oben her.
gegen 1330 Sterngalerie und Prophetenfiguren sind fertig. Beginn der Bunt-Verglasung in den Seitenschiffen. Das Langhaus ist fertig. Das Heilige Grab ist aufgestellt.
1340 Unter den Parlern werden die Hahnentürme aufgestockt und erhalten in Angleichung an den Hauptturm durchbrochene Helme. Anbau der Peter- und Pauls-Kapelle.
1354 Grundsteinlegung für den neuen Chor (Grundstein mit Datum am nördlichen Seitenportal). Johannes von Gmünd baut um den romanischen Chor einen spätgotischen Chor mit Umgang und Kapellenkranz.
Ab 1363 ist im Turm eine Uhr. Ihr Schlagwerk wird mit den Glocken verbunden.
1366 Der Franziskanermönch Bertold Schwarz erfindet das »Schwarzpulver«. Zerstörung der gräflichen Burg auf dem Schlossberg unter erstmaliger Verwendung von Feuerwaffen.
1368 Freiburg kauft sich nach einem Aufstand gegen Graf Egino III. von diesem los und unterstellt sich dem Haus Habsburg.
1386 In der Schlacht von Sempach fällt Herzog Leopold III. und mit ihm ein großer Teil des Stadtadels.
1388 Gegen den geschwächten Adel erheben sich die Zünfte. 19 Zunftmeister und elf Adlige bilden den neuen Rat.

Der »Turmmeister«

Abb. 87: Der Glockenstuhl ist aufgerichtet. Um ihn herum wird nach dem abgeänderten Plan weitergebaut. Das Langhaus ist im Bau.

Abb. 88: Konsolbüste des »Turmmeisters«. Er ändert den Plan vom Glockengeschoss an.

Die Seitenschiffwände der westlichen Joche mit den Strebepfeilern sind bereits hochgemauert und die Fundamente für die Langhauspfeiler gelegt. Für die Hochschiffwände sind schon die ersten beiden Strebebogen am Turm gebaut und stützen den großen Bogen der Michaels-Kapelle ab. Die Langhauspfeiler und -bogen und zum Teil auch schon die Hochschiffwände sind in Arbeit. Immer noch steht das Erdgeschoss des alten Turmes, weil sich darin zu dieser Zeit noch die Marktgerichtshalle befindet.

Um 1290 kam ein anderer Münsterbaumeister nach Freiburg, wohl aus der Straßburger Hütte. Dort lagen Bürgerschaft und Bischof im Streit wegen der Turm-Fassade. Wie der neue Meister hieß, wissen wir nicht. Mehrere Namen sind genannt: »Meister Gerhart«, »Peter von Basel« und »Heinrich der Leiterer«. Wie er aussah? Der Überlieferung nach hat er uns sein Selbstbildnis als Konsolfigur unter der Sterngalerie hinterlassen. Die anderen Konsolen tragen wohl das Konterfei anderer Werkmeister.

Seine großartige Idee, über dem quadratischen Unterbau einen achteckigen oberen Turmteil und darauf einen ebenfalls achteckigen durchbrochenen Helm zu bauen, erklärt er dem Stadtrat und den Münsterpflegern, dabei mit dem Zirkel hantierend. Mit einem Trick – nämlich dem Zwölfeck der Sterngalerie – wird der Übergang vom Quadrat des Unterbaus ins Achteck des Turm-Oberteiles gelöst. Auf einem alten Plan, von dem es leider nur noch eine Umzeichnung gibt, kann man dies gut erkennen.

Das Spiel mit Quadrat, (gleichseitigem) Dreieck, Achteck und der Zahlen-

Abb. 89: Der überlieferte Plan für den Turm.

Abb. 90: Der »Turmmeister« erklärt den Stadträten und dem Münsterpfleger den neuen »Riss«.

Abb. 91: Aus mächtigen Föhren- und Tannenbalken wird der Glockenstuhl gezimmert. Das große Tretrad befindet sich bis heute darin.

Am Anfang war der Glockenstuhl außen mit Brettern verschalt und mit einem Notdach geschützt, bis der Turm so hoch gemauert war, dass die Sandstein-Plattenabdeckung am Fuß der großen Oktogonfenster ausgeführt werden konnte.

reihe 6–8–12 hatte seit der Antike hohen Symbolwert; es war der Inbegriff von Harmonie und göttlicher Ordnung.

Zunächst aber musste um den viereckigen Glockenstuhl herum weitergebaut und die Glockenstube mit einem Gewölbe abgeschlossen werden. Von dieser Plattform an ragen die schlanken acht Pfeiler und die Sprossen der hohen Maßwerk-»Fenster« ohne steingemauerte Querverstrebungen (als solche sind in regelmäßigen Abständen Eisenstangen eingebaut!) bis zum durchbrochenen Turmhelm auf. Auf den vier Ecken erheben sich über dem Grundriss eines gleichseitigen Dreiecks vier mächtige Aufbauten mit je drei Fialen, Tabernakeln und Baldachinen für überlebensgroße Prophetenfiguren, über denen wiederum drei vierkantige Fialen und eine sechseckige in der Mitte bis in die schwindelnde Höhe des Helmansatzes emporragen. Obenauf stehen vier Posaunenengel und mahnen, an das Ende und das Jüngste Gericht zu denken. Sie sind zum Wahrzeichen des Münsters geworden.

Die für die Tabernakel mit ihren zierlichen Wimpergen bestimmten Figuren sind erst viel später fertiggestellt und – als letzte – versetzt worden: viermal je drei überlebensgroße Propheten und Heilige. Desgleichen entstand auch die feingliedrige Maßwerkbrüstung der zwölfteiligen Sterngalerie erst gegen 1330. Denn erst jetzt, als man mit dem Turm oben fertig war, wurde abgerüstet und Schritt um Schritt von oben her der empfindliche Zierat an den Bau versetzt.

Abb. 92: Ab 1280 Weiterbau des Turmes um den Glockenstuhl herum. Der Obergaden des Mittelschiffs ist gegen 1300 fertig.

Abb. 93: Ein Stück der Maßwerkbrüstung an der Sterngalerie (um 1325/30).

Die Stadt im Streit mit ihren Herren

Die 50 Jahre, in denen der Turm und das Langhaus vollendet wurden, waren durchaus keine friedlichen Zeiten. Man muss es den Freiburgern ganz hoch anrechnen, dass der Münsterbau auch am unruhigen Ende des 13. Jahrhunderts weiterging. Zwar war die Bevölkerung der Stadt auf etwa 9.000 Einwohner angewachsen, zwei Vorstädte waren im Norden und Westen dazu gebaut und nach und nach ummauert worden, und die Stadt hatte einigen Reichtum erworben. Aber sie musste ihre Rechte immer wieder gegen die Grafen, ihre Stadtherren, verteidigen. Der Stadtrat hatte Mühe, sich aus deren Händeln herauszuhalten. Graf Egino II. versuchte gleich nach seinem Regierungsantritt 1271, das von den Stauferkaisern eingezogene Reichslehen, die Burg Zähringen, zurückzugewinnen. Die Gelegenheit schien günstig, denn nach dem Tode des letzten Staufers gab es für viele Jahre keinen allgemein anerkannten deutschen König (sog. Interregnum). Der mit Egino verwandte Graf Rudolf von Habsburg unterstützte zunächst die Forderung des Zähringererben. Aber bei der Königswahl setzte Egino auf die falsche Karte, und 1273 zum König gewählt, änderte Rudolf seine Politik und gab das Lehen nicht wieder heraus. Ja, er rächte sich an Egino und belagerte dessen Stadt Freiburg im Jahre 1275. Im Gegenzug zerstörte Egino unter Mithilfe der Stadt Freiburg die Burg Zähringen. Deshalb belagerte König Rudolfs Sohn Albrecht schon 1279 zum zweiten Male die Stadt, wenn auch ohne Erfolg. Zwei Jahre später stand der König selber mit einem Heer vor der Stadt. Egino musste aufgeben, und es kam zum Vergleich und zur Herausgabe des Reichslehens. Die Stadt Freiburg musste den Wiederaufbau der Burg bezahlen, ebenso den des beschädigten Klosters Adelhausen bei dem Dorf Wiehre. Der Streit des Grafen mit den Freiburger Bürgern aber schwelte weiter.

König Rudolf dagegen war der Stadt Freiburg gnädig gesonnen und bestätigte ihr auf dem Hoftag zu Worms im Jahre 1282 alle Rechte und Freiheiten, die sie ehedem gehabt hatte. Dem Grafen gegenüber hatte sich die Stadt verbürgt,

Abb. 94: Graf Egino II. zu Pferde mit Standarte (nach einem Siegel).

zehn Jahre lang für die Sühnezahlungen des Grafenhauses aufzukommen. Aber schon in der Nacht vor Ablauf dieses Vertrages versuchte Egino, sich durch Bestechung der Torwächter der Stadt zu bemächtigen. Der Versuch misslang, und es kam zum Krieg. Der Bischof von Straßburg, Konrad von Lichtenberg, kam mit seinem Heer seinem Schwager zu Hilfe. Es kam zur Schlacht bei dem Dorf Lehen vor den Toren der Stadt. Als die Sache der Freiburger schon verloren schien, gelang es einem Metzgergesellen (wie die Legende zu berichten weiß), den Bischof vom Pferd zu stechen und ihn tödlich zu verwunden. Damit hatte Egino den Krieg verloren und musste für viele Jahre klein beigeben.

Zur Sühne für den Bischofstod wurden ein Kreuz errichtet und zwei Linden gepflanzt. Das Kreuz gibt es immer noch, und der dortige Stadtteil heißt heute »Bischofslinde«. Im Münster wurde ein Jahrestag »für die Erslagenen« gestiftet. Und wegen der Tat eines der Ihren darf die Metzgerzunft bis heute bei der Fronleichnamsprozession als Erste gehen.

Zur Finanzierung des Münsterbaus haben die Grafen wohl nichts mehr beigetragen. Ihre Sorge galt eher der Ansiedlung von Klöstern: von Franziskanern, Predigern (Dominikanern), Augustiner-Eremiten und Klarissen. Ihnen stellten sie Grundstücke zur Verfügung. Das Verhältnis der Grafen zur Stadt war weiterhin ein gespanntes. Der Münsterbau war Sache der Bürgerschaft, hauptsächlich der vornehmen Familien und Zünfte. Und die brachten dafür große Opfer. Es gab also keinen Bischof, auch kein Domkapitel, das den Bau gefördert hätte. Es wurde gesammelt von

Abb. 95: Schlacht bei Lehen.

Abb. 96: Das Sühnekreuz in »Bischofslinde«.

Abb. 97: Drei Stadträte sammeln mit der »Bitt«.

Haus zu Haus. Die Münsterpfleger trugen dabei »die Bitt«, eine Reliquienmonstranz (Abb. 98). An hohen Feiertagen war dies die ehrenvolle Aufgabe der Ratsherren. Der Vers, den sie dabei sagten, ist überliefert: »Steiert zu Unser Frauen Bau, dass Gott euch gnädig sei und Unsere Liebe Frau.«

Bei bestimmten Anlässen gab es besondere Spenden, auch Bußen wurden dafür eingezogen. Beim Ableben eines Bürgers wurde sein bestes Gewand, »sein letztes Hemd«, zu Gunsten des Münsters versteigert. Später konnte dies auch durch Geldzahlung abgelöst werden.

Von einem der reichsten Bürger, einem Ritter, ist sein Testament aus dem Jahre 1347 erhalten: »Ich, Johannes Schnewlin, verfüge, mein bestes Ross, bedeckt mit einem seiden Waffenkleid, und mein bester Harnisch sollen Unserer Frauen gehören zum Zweck die oberen Fenster zu verglasen und Paramente zu kaufen.« Deshalb findet sich in einem Obergadenfenster auch das Wappen der Schnewlin.

Eine erste Stiftung für ein »Ewiges Licht« ist aus dem Jahre 1301 beurkundet, und zwar für die Kapelle unten in dem Turm, »darein die neuen Gloggen hangent« (dies ist eines der wenigen gesicherten Daten; die Glocken müssen also schon gehangen haben).

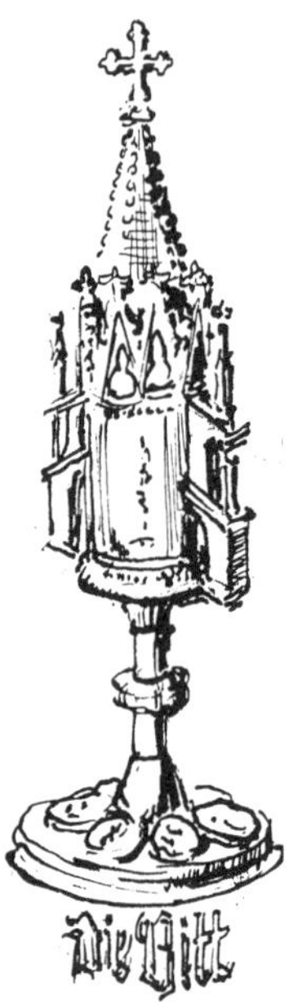

Abb. 98: »Die Bitt«.

Abb. 99

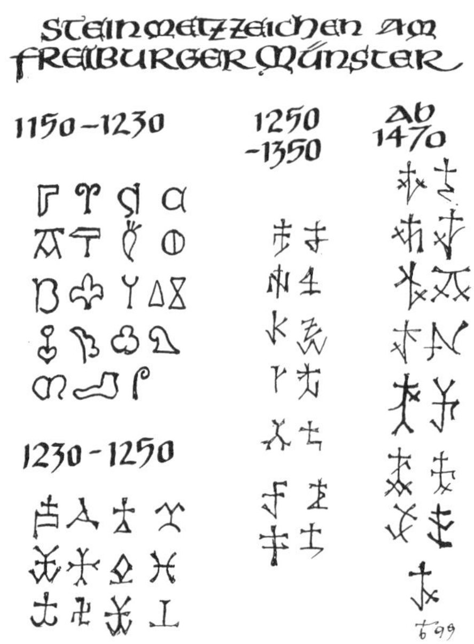

Die Bauhütte und ihre Strukturen

Die Rangordnung der Hüttenmitglieder war streng geregelt: Zuoberst stand der Meister, der die technische und künstlerische Leitung innehatte. Er war dem Münsterschaffner (der zumeist Kleriker war) verantwortlich. Dazu kam der Münsterpfleger – oder zeitweilig deren drei; sie wurden vom Rat gewählt. Dann kamen die untergeordneten Werkmeister und die Steinmetze, die die Figuren schufen. Heute würden wir sie Bildhauer nennen. Es folgten die Laubwerkmacher für die Fialen und Krabben, für die Maßwerke und Gesimsprofile. Zuunterst auf der Stufenleiter waren die einfachen Steinmetze für die gewöhnlichen Quader und einfachen Profilsteine.

Die Bezahlung war gut. Abgerechnet wurde meistens nach Werkstücken. Jeder hatte sein Steinmetzzeichen, das er in den Stein meißelte. Mittels dieser Zeichen kann man heute Teile des Münsters zeitlich einordnen (siehe dazu mehr im Kapitel über den Chorneubau).

Abb. 100: Ein Steinmetz bearbeitet den Baldachin für einen Tabernakel.

Abb. 101: Das heiße Bad im Holzzuber im »Schwobsbad« am Schwabentor.

Die Arbeitszeit war genau geregelt, übrigens ebenso der Feierabend – nach Sommer und Winter unterschiedlich – und die Festtage, die kirchlichen Feiertage und der Feierabend am Samstag. Alle 14 Tage durften die Werkleute früher Schluss machen, um ins Bad zu gehen. Die Badestuben waren nicht nur für die Reinlichkeit da, sondern auch zur Freude und Geselligkeit. Es wurde da auch gegessen und getrunken, Wunden und manche anderen körperlichen Schäden wurden vom »Bader« kuriert.

Ein schriftlicher Werkvertrag ist uns zwar erst aus dem Jahre 1359 erhalten, aber die älteren dürften ähnlich gewesen sein. Die Mitglieder einer Bauhütte hatten eigene Rechte und unterstanden nicht der allgemeinen Gerichtsbarkeit

Abb. 102: Meisterbüsten von der Sterngalerie des Turmes.

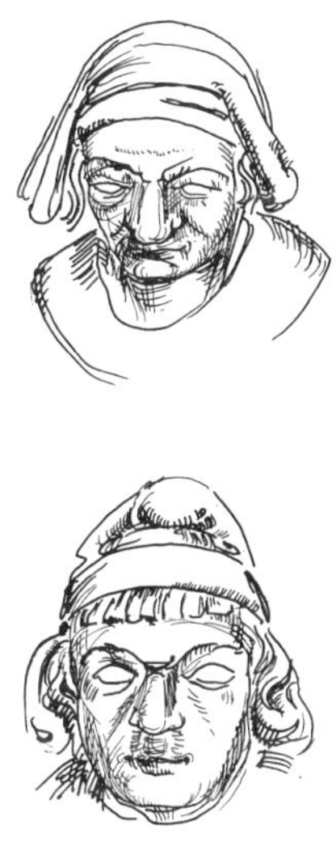

der Stadt (z.B. mussten sie im Verteidigungsfalle nicht auf die Mauern).

Im Anfang waren die Werkleute wohl auch aus Frankreich gekommen: etwa die burgundischen, später die von der Straßburger Hütte, die ihrerseits ein Ableger der Reimser Hütte war. Die unterschiedliche Herkunft kann man auch an Charakteristika bei der Plastik erkennen, z.B. an der Figur des hl. Jakobus von einem Strebepfeiler der Südseite (Abb. 104), die von einem Bildhauer der Reimser Hüttentradition stammen könnte. Sie gehört zu denen, die ein wenig anders sind als die Mehrzahl. Die Faltenschwünge sind länger (so auch bei den Posaunenengeln; siehe Abb. 119). Viele Meister waren »Welsche« und sprachen auch »welsch«. In der Hüttensprache hat sich noch mancher Ausdruck dieser Sprache erhalten. Wenn einer seinen Kameraden um eine Hilfestellung bittet, dann sagt er: »Du bist angesprochen!« und »Du bist oblischiert!« (von französisch: obligé, d.h. in die Pflicht genommen), und nachher: »Du bist bedankt!« Wird eine Schablone aufgerissen, heißt dies »aufbrettern«, weil die Schablonen ursprünglich aus Holzbrettern gesägt waren. Wenn einer »aufbretterte«, durfte er von einem anderen nicht »angesprochen« werden.

Abb. 104: Der hl. Jakobus von einem Strebepfeiler der Südseite.

Abb. 103: In der Hütte entstehen die Heiligenfiguren für die Süd-Strebepfeiler.

Abb. 105: Ein »Laubwerkmacher« gestaltet ein Krabbenstück von einem der acht großen Wimperge oben am Turm.

Abb. 106: Eine Konsole von der Sterngalerie, die zugleich Wasserspeier ist, zeigt uns sicher das Abbild eines Werkmeisters in der typischen Kleidung mit Kapuze.

Das Münsterdach

1301 war der Turm schon weit gediehen, und es waren die Hochschiffwände der westlichen Joche hochgemauert. Man konnte mit dem Dach beginnen. »Auf dem Walde« wurden die Tannen und die Fichten für den Dachstuhl geschlagen. Neuerdings ist das Jahr 1301/02 auch durch Untersuchung der Jahresringe gesichert.

Wenn die Bäche genügend Wasser führten, und das war meist im Frühjahr, flößte man die Stämme zur Dreisam hinunter. Um deren mit Geröll gefülles Bett zu überwinden, baute man parallel zum Fluss den »Floßgraben« (ein Straßenname in diesem heutigen Stadtteil erinnert noch daran). Das Wasser wurde – wie auch im Oberlauf der Bäche –

Abb. 107: Um 1301 wird der westliche Teil des Daches eingedeckt.

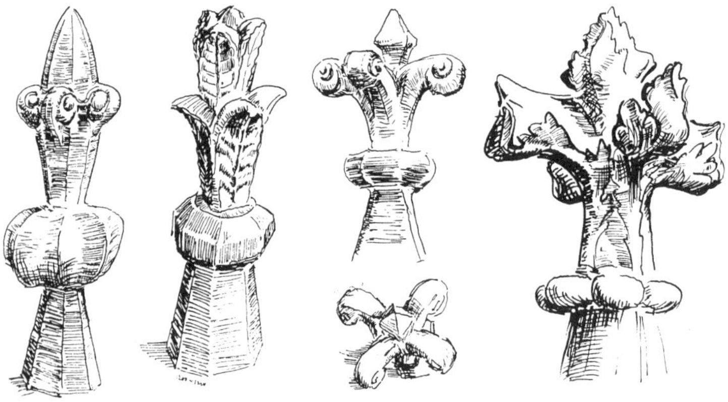

Abb. 108: Entwicklung der Kreuzblumen 1200–1280.

abschnittweise gestaut mit Stellfallen. Bei deren Öffnung schossen die Stämme mit dem Schwall bis zur nächsten Staustelle. In der Nähe der Stadt beim oberen Tor (dem Schwabentor) wurden die Stämme dann auf Fuhrwerke geladen und zur Münsterbaustelle gefahren.

Auf dem Werkplatz, vielleicht auch im Kirchenschiff selber, wurden die Stämme »gebeilt«, d.h. mit dem Beil zugerichtet. Die »Münsterfabrik« beschäftigte eine eigene Truppe von Zimmerleuten, auch für das viele Gerüstholz. Auf einem »Mustergespärre« wurden alle anderen »Gespärre« zugerichtet, die Dübellöcher gebohrt, die Passgenauigkeit geprüft. Mit der Winde am Tretrad wurden die Balken hochgezogen und oben zusammengesetzt und aufgerichtet. 68 solcher »Gespärre« waren nötig. Das Tretrad ist heute noch oben und funktionsfähig. Nach dem Bombenangriff auf Freiburg 1944, bei dem auch das Münster beschädigt wurde, haben die »Münsterbuben« ihr Münster damit enttrümmert und die Dachziegel für die Reparatur hinaufgezogen.

Abb. 109: Flößen am »Floßgraben«; eine Stellfalle.

Abb. 110: Die Stämme werden mit Fuhrwerken in die Stadt gebracht.

Mühsam war es, mit der Spannsäge aus Balken Bretter zu sägen und diese dann zu Dachlatten aufzusägen. Mit einer farbgetränkten, gespannten Schnur wurden die Linien auf die Bretter »abgeschnürt« und dann gesägt. Meist stand oben und unten ein Mann, und es waren mehrere Sägeblätter in den Rahmen eingespannt (Abb. 112). So waren die Latten exakter parallel zuzuschneiden.

Vielleicht wurde die Arbeit beschleunigt und auch erleichtert durch die ersten Sägemühlen(vgl. Abb. 214 und 215), die im Schwarzwald schon ab 1320 verbürgt sind. Vielleicht gab es sie auch schon einige Jahre früher. Die Wasserkraft wurde in Süddeutschland schon früh zur Holzbearbeitung genutzt.

Abb. 111: Die Stämme werden gebeilt. Auf dem Mustersparren werden die »Gespärre« zugerichtet.

Abb. 112: Bretter werden »abgeschnürt« und mit Spannsägen zu Dachlatten aufgesägt.

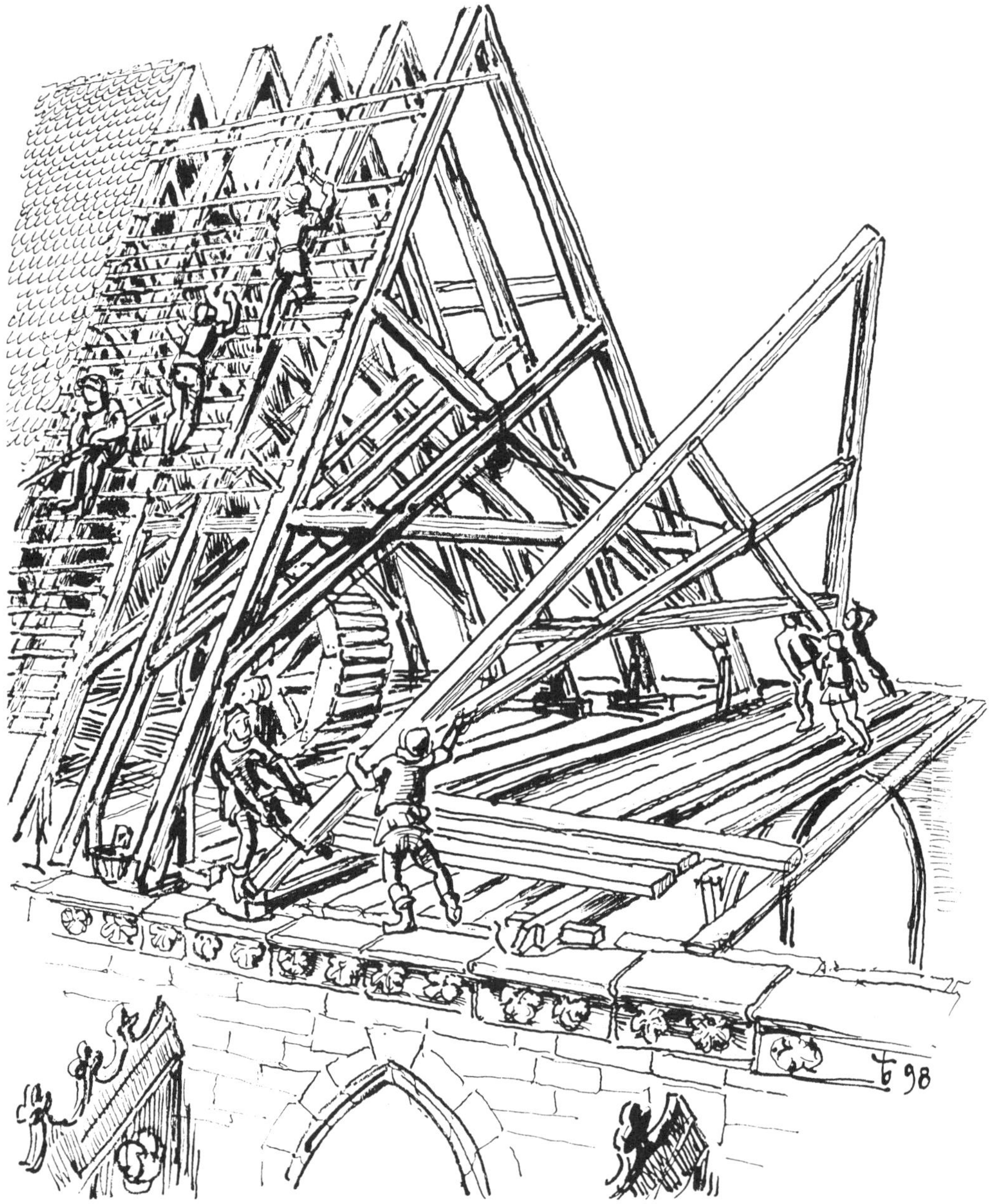

Abb. 113: Die unten zugerichteten Balken werden mit dem Tretrad hochgezogen, oben zusammengesetzt und aufgerichtet. Es fehlen Längsversteifungen. Nur die aufgenagelten Dachlatten halten sie senkrecht. Wie viele Nägel mussten die Nagelschmiede wohl von Hand schmieden?

Einige tausend Ziegel waren nötig. Es wurde Ton in Modeln (Holzformen) gepresst und von Hand glatt gestrichen (daher: »handgestrichene Ziegel«). Nach dem Trocknen an der Luft in offenen Schuppen wurden die Ziegel im Ofen gebrannt, wohl in der Ziegelei beim Dorf Merzhausen in der Nähe der Stadt. Wieder bekamen die Fuhrleute Arbeit.

Abb. 114: In der Ziegelei wird von Hand der Ton in die Model gestrichen und im Ofen gebrannt.

Die Form der Ziegel war festgelegt und unten am Turmpfeiler eingemeißelt. Auch andere Maße waren dort eingelassen: neben dem Erlass für das Marktrecht auch die Norm-Elle (54 cm), das Klaftermaß, die Form für gewisse Gewölbesteine und das Maß für den »Zuber«, ein Hohlmaß, das die Küfer (bzw. die Böttcher) herstellten und mit dem man Getreide und Holzkohle maß.

Der Bäcker auf Abb. 115 vergleicht den »Spitzwecken« (Brötchen) mit der eingehauenen Größe, und das Brot unterm Arm entspricht tatsächlich der Norm. Die Jahreszahlen 1270 und 1320 bezeichnen Normaljahre. Das Jahr 1317 war ein Hungerjahr, da wurden kleinere Brötchen und Brote gebacken. Alle gängigen Maße waren also eingemeißelt, und zwar längst bevor das Marktgericht hier tagte. Sobald nämlich der Turm soweit fertig war und im Schiff der Turmrest der alten Kirche abgetragen wurde, tagte das Marktgericht in der neuen Vorhalle unter dem Turm.

Abb. 115: An den Turmpfeilern sind die Normmaße, die der Rat überwachte, eingemeißelt, darunter auch die Maße für das Brot und die Brötchen. Auf der Zeichnung zeigt der Böttcher auf das Zeichen für Umfang und Höhe des »Sesters«, des Hohlmaßes, das er im Arm hat.

Abb. 116: Am vierteiligen, reich geschmückten Schlussstein wird letzte Hand angelegt.

Abb. 117: Der vierteilige Schlussstein des mittleren Langhaus-Joches wird eingebaut.

Als das Dach fertig eingedeckt war, konnte man an das Einwölben der letzten vier (westlichen) Joche herangehen. Wieder wurden Lehrgerüste gezimmert, hochgezogen und darauf zuerst die Rippen gemauert und die Schlusssteine, dann die Gewölbezwickel, und zwar mit Backsteinen. (Die ersten beiden Joche sind noch mit Bruchsteinen gemauert. Auch das war schon ein Fortschritt, denn die Backsteine haben ein geringeres Eigengewicht als Natursteine.) Am drittletzten Gewölbefeld wurde ein gewaltiger vierteiliger Ring eingegossen. Durch diese Öffnung im Gewölbe wurde das Baumaterial mit dem großen Tretrad hochgezogen.

Dann wurden die Gewölbe – wie schon die früheren – von oben und unten mit Kalkmörtel verputzt. Jetzt fehlten nur noch die Maßwerke in den Fenstern – und natürlich die bunten Scheiben!

Die Fertigstellung des Turmes

Sobald die Langhausarkaden an den Turm angeschlossen waren, ging es an dessen Weiterbau, allerdings nicht in einem Zug. Man musste abwarten, wie sich die Schubkräfte der Langhausarkaden auf die Statik des Turmes auswirkten. Umgekehrt musste man ein etwaiges Setzen des Turmes bei der zunehmenden Belastung durch sein wachsendes Eigengewicht beobachten (die Baunähte sind heute noch gut zu sehen).

Abb. 118: Über dem Glockengeschoss werden die vier dreikantigen Aufbauten errichtet. Auf der Zeichnung wird gerade der Block eines Baldachins über einem Tabernakel abgelassen. Da hinein werden später die überlebensgroßen Prophetenfiguren gesetzt.

Abb. 119: In der Hütte meißelt ein junger Steinmetz einen der vier Posaunenengel.

Abb. 120 und 121: Der Turmhelm besteht aus einzelnen Maßwerken. Hier entsteht das unterste am Ansatz der Pyramide. Auf dem »Reißboden« wird eines der Maßwerke aufgerissen und die Schablone mit der Spannsäge ausgesägt. Achtmal wird es in Stein gehauen und auf dem Boden zur Prüfung der Passgenauigkeit zurechtgelegt. Dann werden die Einzelteile hochgezogen und am Helm versetzt.

Abb. 122: Das fertig gehauene Maßwerk wird hochgezogen und eingesetzt. Aus Gründen der Übersichtlichkeit sind nicht alle Gerüststangen gezeichnet. Ein stabiles Gerüst war sicher dichter gebaut.

Am Turm war man am obersten Umgang, am Ansatz der durchbrochenen Pyramide angelangt. Ein Kunstwerk besonderer Art ist dieser Turmhelm. Acht schlanke Holme schwingen sich in eleganter Kurvatur nach oben, in Form und statischer Funktion einem Spitzbogengewölbe gleich.

In je sieben aufeinander gestellten Feldern sind die Zwischenräume mit Maßwerken ausgefüllt. Auf jeder horizontalen Felderreihe sind sie gleich, so dass sie, vom Schlossberg aus gesehen, deckungsgleich erscheinen können. Dies bewirkt jene Leichtigkeit, die den Stein schwerelos erscheinen lässt. Außerdem lassen die Öffnungen im Maßwerk des Turmhelmes Wind und Wetter nahezu ungehindert durchströmen, so dass der Helm keinem Winddruck ausgesetzt ist und nicht umgeworfen werden kann.

Der Versuch, das Versetzen der Werksteine und der Kreuzblume mit den damaligen Mitteln zu rekonstruieren, muss einem mit heutigen technischen Hilfsmitteln vertrauten Menschen Respekt abverlangen, erfordern doch auch die heute nötigen Arbeiten zur Erhaltung des Münsters noch immer eine beachtliche Leistung der Bauhütte.

»Krabben« sind stilisierte Blätter, wie Knospen, die den Turm zu einem mystisch-lebendigen Gebilde machen, von der Kreuzblume bekrönt, dem Zeichen der Erlösung. 224 Krabben schmücken die Helmkanten, acht davon mit Masken. 43,2 Meter Höhe misst die Pyramide des durchbrochenen Helms. Vom Glockengeschoss bis zur Spitze gibt es keine inneren Querstreben. Das ist einmalig in der Welt!

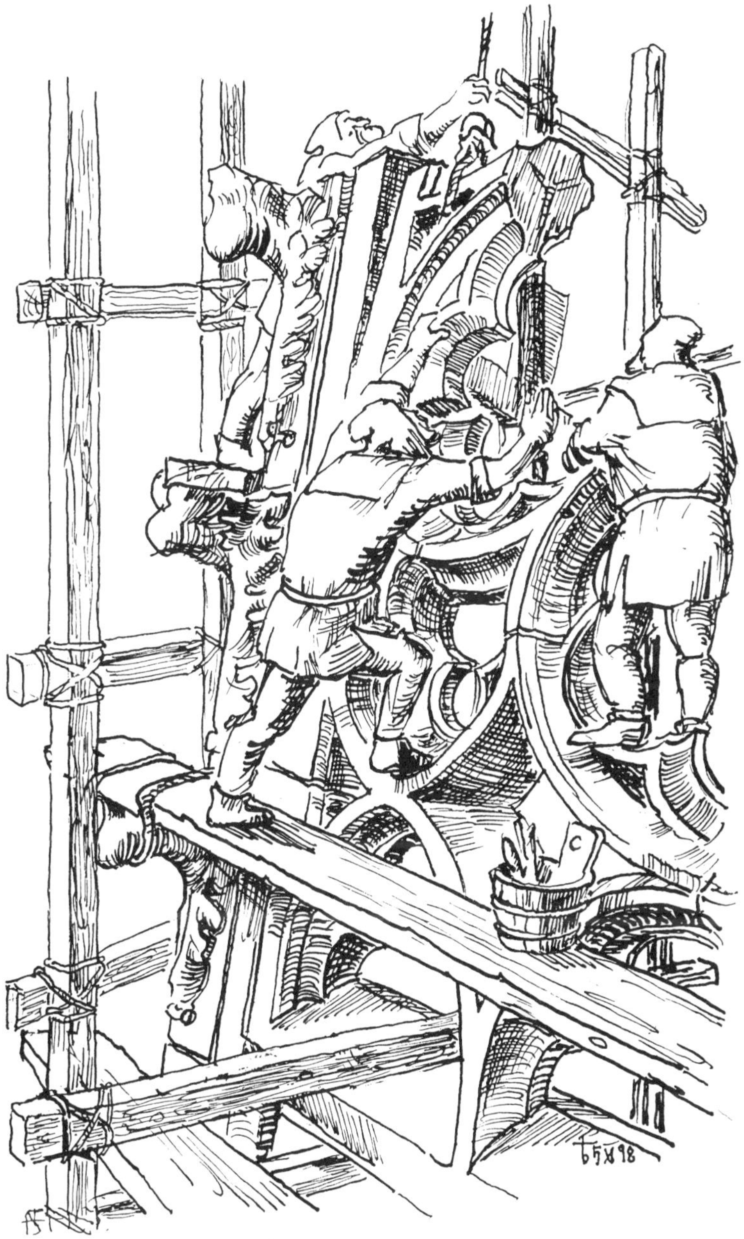

Abb. 123: Die behauenen Steine wurden auf dem Boden zur Maßkontrolle aufgelegt, bevor sie hochgezogen und in Schwindel erregender Höhe auf schwankendem Gerüst versetzt werden. Gegen Wind und Wetter schützt die Arbeiter nur die Kluft mit der Kapuze.

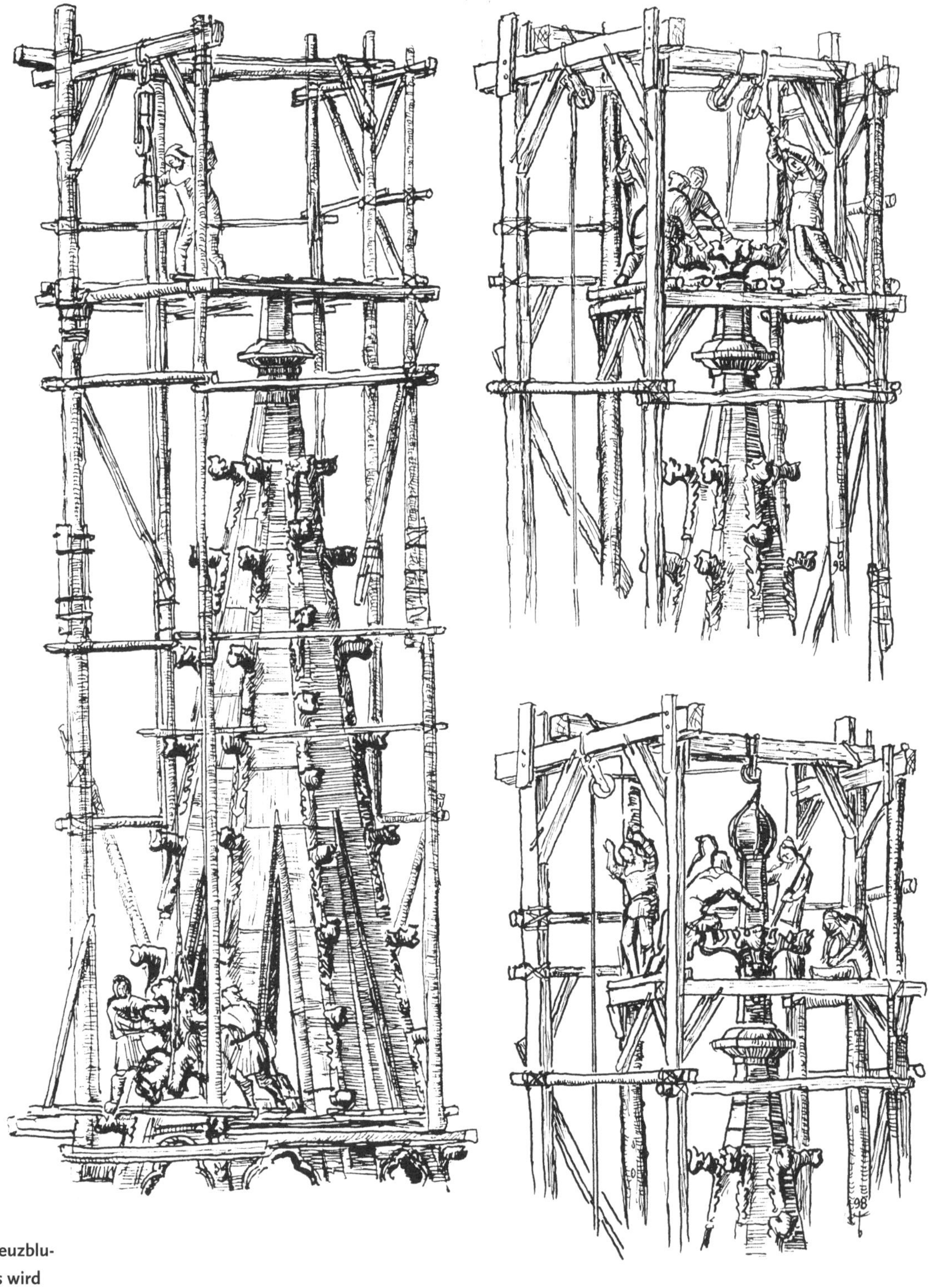

Abb. 124–126: Die Kreuzblume des Hauptturmes wird durch die oberste Öffnung am Helm gehievt und hochgezogen …

Die Werkstücke wurden wohl innen im Turm bis zur obersten Arbeitsplattform hochgezogen (vom großen Tretrad aus lief das Seil über Umlenk-Rollen). Durch die letzte große Öffnung wurden die Werkstücke nach außen gewuchtet und dann außen hochgezogen, auf Rollen an Ort und Stelle geschoben und versetzt. Durch die obersten fünf Stücke wurde eine drei Meter lange geschmiedete Eisenstange gesteckt und zur zusätzlichen Sicherung mit Blei ausgegossen.

Wie die Arbeit der Steinmetze ist hier auch die Arbeit der Gerüstzimmerleute bestaunenswert, 116 Meter über der Stadt. Als Letzte waren dann wieder die Schmiede dran mit ihrem vergoldeten Sonnenstern und der Mondsichel. Sie waren auch zuständig für die Eisenstangen, die in fast jedem waagrechten Holm der Maßwerke am Turmhelm in eine Rinne eingelassen und mit Blei ausgegossen sind (vgl. auch den Bau der Hahnentürme, siehe Abb. 168 und 169).

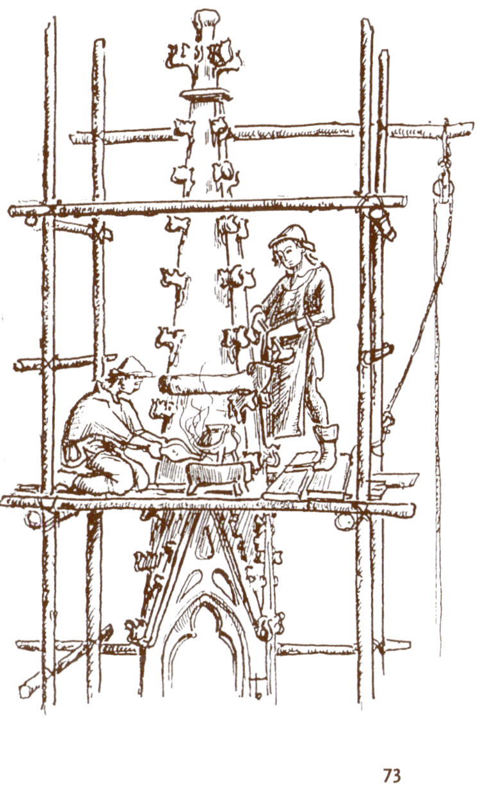

Abb. 127–129: Eine Fiale mit Krabben und Kreuzblume wird versetzt und die Fuge mit Blei ausgegossen. Mit Ton wird eine Wanne geformt, in die das Blei gegossen wird.

Abb. 130: Gegen 1330 werden die monumentalen Prophetenfiguren in zwei Teilen in ihre Tabernakel versetzt, die Maßwerkbrüstungen der Sterngalerie montiert und das Gerüst von oben herab abgebaut.

Zu Abb. 131: Stilkritische Untersuchungen datieren die Entstehungszeit der monumentalen Prophetenfiguren auf 1325/30. Da muss der Turm im Großen und Ganzen fertig gewesen sein. Daraus ergibt sich logisch der hier dargestellte Bauablauf: Man hatte zuerst Oktogon und Helm im Wichtigsten fertig gebaut, dann von oben herab abgerüstet und etagenweise die empfindlichen Feinteile eingebaut, die sicher schon früher fertig geworden waren. Dadurch vermied man die Beschädigung weiter unten aufgestellter Zierstücke. Die Prophetenteile, nahezu eine Dreivierteltonne schwer, zu versetzen, war fast nur von oben her möglich.

Abb. 132: Die großen Prophetenfiguren entstehen (nach neuesten Forschungen) erst 1325/1330.

Am Turmhelm wurden die Maßwerkteile versetzt. Auf den Kanten der acht Holme wurden die Krabben eingebaut und mit Blei ausgegossen. Sie sind nicht nur Schmuck, sondern auch Gerüsthilfen, vor allem bei späteren Reparaturen.

Eine besonders schwierige und wagemutige Arbeit war als krönender Abschluss das Aufsetzen der großen Kreuzblume. Ihre Maße: 1,45 × 1,45 × 0,45 Meter. Die Werksteine wurden von der oberen Plattform aus innen im Helm hochgezogen, durch die letzte große Öffnung nach außen gewuchtet und das letzte Stück außen hochgezogen, auf schwankendem Gerüst auf Rollen zu ihrem Platz gebracht, verdübelt und verbleit.

Abb. 133: An der Außenmauer der Münsterbaustelle befand sich eine Schmiede. Dort wurde das Werkzeug geschmiedet und gehärtet und auch die als Verankerungen benötigten Eisenstangen hergestellt.

Gegen 1320 waren die letzten Feinheiten oben am Turm fertig und die Gerüste abgebaut. Die überlebensgroßen Propheten- und Heiligenfiguren wurden in zwei Teilen hochgezogen und in ihre zierlichen Tabernakel versetzt, schließlich die dünnen Säulen davor eingebaut. Die feingliedrige Maßwerkbrüstung der Sterngalerie konnte an ihren Ort gebracht werden. Jetzt wurden auch die Maßwerke in der Michaels-Kapelle und in die Obergadenfenster im Hochschiff eingesetzt. Sie zeigen schon die reifen Formen der hohen Gotik. Der Vergleich mit den Maßwerkfenstern vom Seitenschiff zeigt dies deutlich.

In einem Zeitraum von hundert Jahren entwickelte sich nicht nur die Technik, sondern auch der Geschmack und das Stilempfinden. Bei aller Formenvielfalt, die die Spätgotik hervorbrachte, hat die Bauhütte doch die Geschlossenheit eines Gesamtkunstwerkes zustande gebracht, die bemerkenswert ist. Sie wäre ohne den großen Respekt vor der Tradition nicht möglich gewesen. Neben dieser Traditionstreue der Hütten ist für die Kontinuität ganz sicher auch die strenge Ausbildungsordnung verantwortlich. Die Hüttengeheimnisse wurden streng gehütet.

Woher kamen Blei und Eisen?
Blei war sozusagen das Abfallprodukt der Silberschmelze. Eisen wurde als Bohnerz in der ganzen Vorbergzone – meist im Tagebau – gefunden, von Hand in der »Poche« aufbereitet und verhüttet. Das war oft ein Nebenverdienst der Waldbauern. Wo die örtlichen Vorkommen nicht reichten, musste Eisen aus Lothringen bezogen werden. Das war bei den damaligen Wegeverhältnissen eine aufwändige Sache.

Die Form der Maßwerkfenster hat sich geändert: Sie werden schmaler und im Bogen spitzer. Der Dreipass aus dem gleichseitigen Dreieck wird durch den Vierpass bereichert.

Abb. 134: Maßwerk vom Lammportal und dem Fenster darüber (um 1290/1300).

Abb. 135: Eines der Fenster vom Obergaden im Hochschiff (gegen 1330).

Abb. 136: Maßwerk vom Westfenster der Michaels-Kapelle (um 1320).

Abb. 137a/b: Holmstück vom Turmhelm mit Krabben und Maske.

Abb. 138–140: Doppelkreuzblumen: Parlerzeit (um 1360) – um 1300 – um 1350

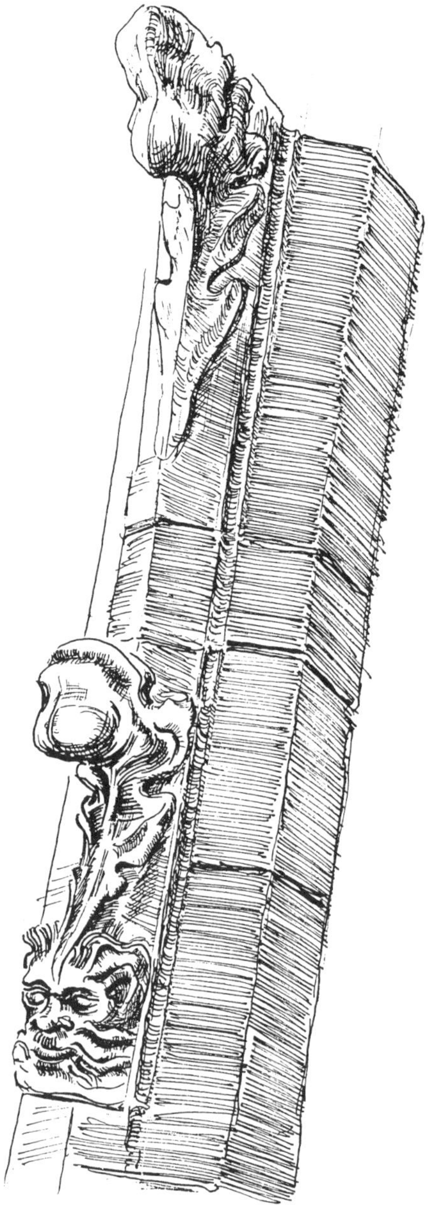

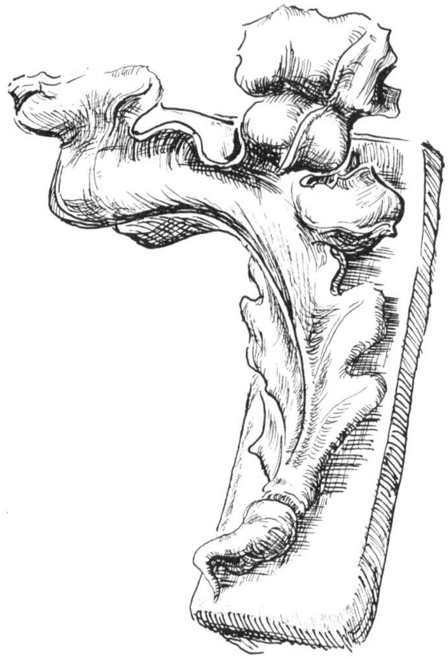

Auch die Form der Kreuzblumen, der Bekrönungen der Fialen, hat sich während der 150 Jahre währenden Bauzeit verändert. Sind die Fialenbekrönungen am Anfang des 13. Jahrhunderts noch recht einfach, aber lassen durchaus die Pflanzen-Vorbilder erkennen, so sind gegen Ende des Jahrhunderts (an Vorhalle und Turm) die Blätter an Krabben, Kreuzblumen und Blattkapitellen sehr naturnah gestaltet. Ein Beispiel dafür sind die Krabben an den Wimpergen am Hauptturm, an denen man gut erkennen kann, dass ein Rettich mit Blatt als Vorbild gedient hat (oder auch an den Rosenranken der Pfeilermadonna am Hauptportal).

In der Mitte des 14. Jahrhunderts – zur Parlerzeit – werden die Formen wieder blockhafter gestaltet. Dies ist bei Krabben und Kreuzblumen, aber auch an den Figuren zu beobachten.

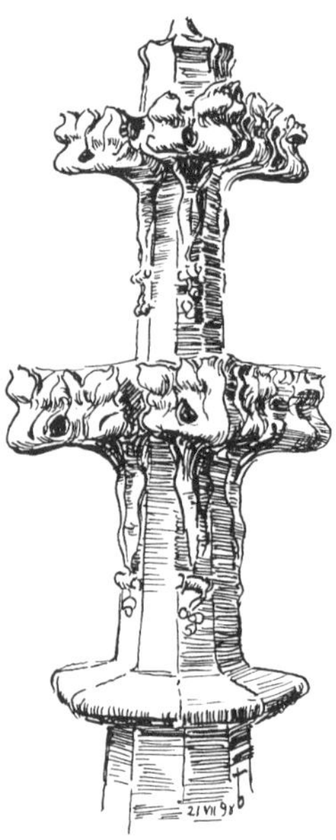

Mit der Fertigstellung des Hochschiffs und seiner Strebebogen mussten – aus statischen Gründen – auch die Strebepfeiler und ihre Wasserspeier vervollständigt werden.

Die Bedeutung der Dämonengestalten, die man den Wasserspeiern gab, ist nicht eindeutig geklärt. Die am meisten vertretene Meinung ist: Sie sollen – verurteilt, dem Guten zu dienen – die Dämonen gewissermaßen mit deren eigenen Mitteln schlagen und sie vom Gotteshaus fernhalten. Es sind fantastische Gestalten, manche in Tiergestalt, aber auch Menschen, denen Dämonen im Nacken sitzen, Gestalt gewordene Alpträume – aber auch Warnung vor der Sünde. An französischen Kathedralen sind häufig geflügelte Drachen zu finden. In der Sagenwelt sind sie die Verkörperung des Bösen. Verschiedene Heilige besiegen das Böse in Gestalt eines Drachen (der Erzengel Michael, der hl. Georg, die hl. Margaretha).

Abb. 141: Einer der ältesten Wasserspeier (um 1210). Er stammt noch vom romanischen Chor und wurde um 1500 in die Mauer der Alexander-Kapelle eingebaut.

Abb. 142: Stammt der Bildhauer dieses geflügelten Drachen aus einer französischen Bauhütte?

Abb. 143: Wasserspeier.

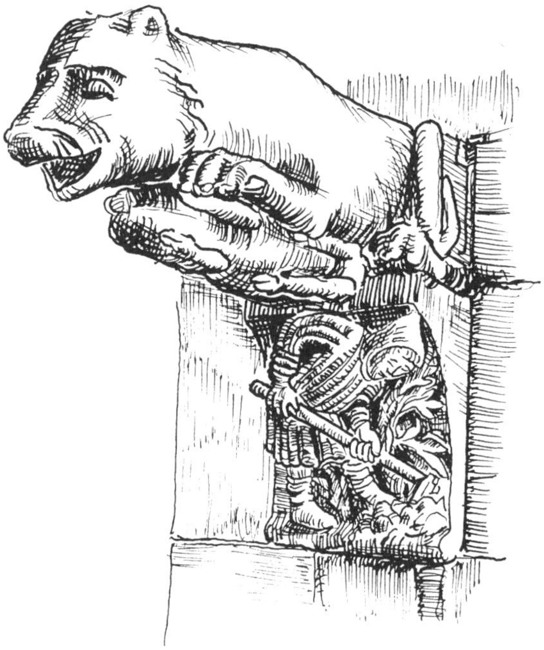

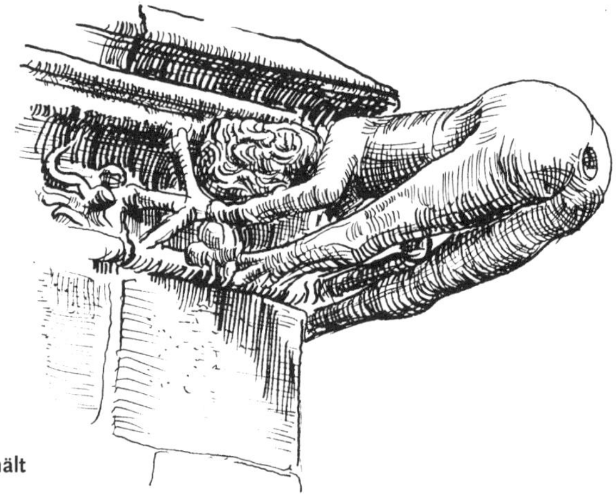

Abb. 144: Ein Bär als Wasserspeier schlägt ein Ferkel. Auf dem Konsolstein: Ein Bauer in Winterkleidung arbeitet mit der Harke (vom nordwestlichen Pfeiler, um 1300).

Abb. 145: Eine doppelköpfige Figur zeigt ihre Kehrseite. Von dieser Figur wird erzählt, die Steinmetze hätten sie aus Ärger so gemacht, weil sie Monate lang keinen Lohn bekommen hätten. Sicher ist: Es ist eine besonders eindeutig abweisende Haltung.

Abb. 146: Manche Wasserspeier sind auch von volkskundlichem Interesse: Sie zeigen z.B. Menschen aus dem Alltag in ihrer gewöhnlichen Kleidung. Hier hält ein Mann mit vornehmer Kleidung – knielangem Überrock mit Knöpfen am Ärmel – seinen Regenkoller vor den Mund. Viele Wasserspeierfiguren haben spätere Deutungen erfahren und zu Legenden- und Sagenbildung angeregt.

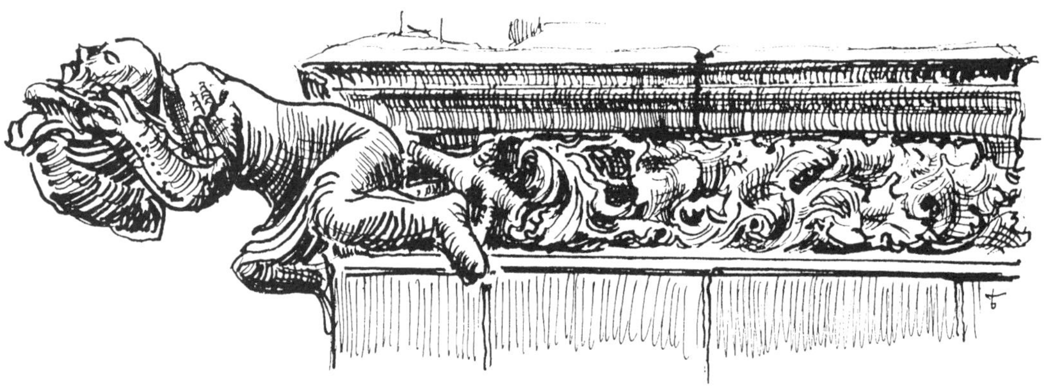

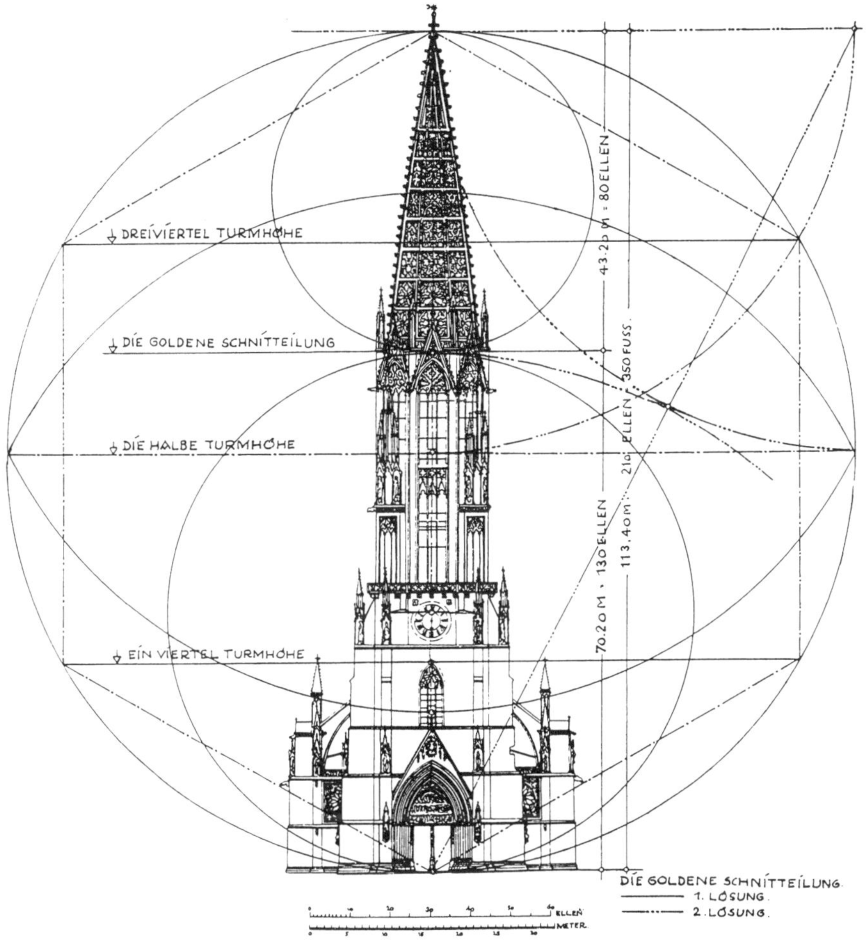

Abb. 147: Die Proportionen des Turms nach dem »Goldenen Schnitt« (aus Adolf Wangarts Untersuchungen »Das Freiburger Münster im rechten Maß«, Verlag Schillinger, Freiburg 1971, Plan 10).

Ideale Proportionen: Der Goldene Schnitt

Die Gesamthöhe des Turms beträgt 210 Ellen; von der Erde bis zum Ansatz der Turmpyramide (größerer Abschnitt, »maior«) sind es 130 Ellen; vom Pyramidenansatz bis zur Turmspitze (kleinerer Abschnitt, »minor«) sind es 80 Ellen.

$$\frac{\text{Gesamthöhe}}{\text{maior}} = ca.\ 1{,}62 = \frac{\text{maior}}{\text{minor}}$$

Die drei Teile – quadratischer Unterbau, achteckiges Zwischengeschoss und Helm – verhalten sich zueinander wie 8:13:21 (Maßverhältnisse, die übrigens auch im Grund- und Aufriss des Langhauses zu finden sind), also im Ideal-Maß, dem »Goldenen Schnitt«, nach dem schon die Griechen und Römer vor 2000 Jahren ihre Ideal-Bauten errichtet hatten. Adolf Wangart, der dies nach langen Messungen entdeckt hat, schrieb: »Der Freiburger Turm hat mit seinen Maßen die großartigste und imponierendste Goldene-Schnitt-Teilung, die uns das Mittelalter überliefert hat!«

Raum in mystischem Licht

Die Maßwerke waren in die großen Fensteröffnungen versetzt, die »Windstangen« und Quersprossen geschmiedet und montiert. So konnten jetzt die Glasbläser und Glasmaler darangehen, die großen Öffnungen mit bunten Gläsern zu schließen. Wieder musste gesammelt und um Stiftungen gebettelt werden: Jede der Zünfte übernahm ein Fenster, und ihre Wappen wurden in den Scheiben angebracht.

Wo das farbige Glas hergestellt wurde, wissen wir nicht. Die bunten Fenster des Chores und des Querhauses waren in einer Straßburger und einer Basler Werkstatt gefertigt worden. Aber um 1320 gab es in Freiburg eine eigene Werkstätte, die von Straßburg übergesiedelt war. Von dieser Zeit an, ab 1325, wurden zuerst die Seitenschifffenster in den ersten beiden Jochen verglast, dann die der restlichen vier, und ab 1340/50 (nach Schließung der Gewölbe) auch die Obergadenfenster im Langhaus (Hochschiff).

Das farbige Glas war auch damals teuer. Es scheint, dass die Stiftung des Ritters Schnewlin von 1454 (siehe Sei-

Abb. 148: Bei den Schmelzöfen sind die Glasbläser an der Arbeit: Zuerst ein Tropfen an der Glasbläserpfeife, dann eine Blase, dann eine große Flasche, schließlich ein Zylinder, der an der Seite aufgeschnitten und gestreckt wird. Zuletzt trägt der Glasträger das Glas auf der »Hutte« weg.

te 58) nur für die figürliche Verglasung des ersten Fensters der Südseite gereicht hat, denn alle anderen Fenster wurden mit ornamentalem Flechtwerkmuster verglast.

Aus Venedig bzw. Murano war die Kunst des Glasschmelzens um 1000 nach Frankreich und von da an den Oberrhein gekommen. Quarzsand gab es im Schwarzwald genug, und Feuerungsmaterial auch. Nur Soda, das man als Flussmittel dazu brauchte, gab es nicht. Man behalf sich mit Pottasche, die man aus Buchenholzasche gewann. Dafür entstand ein eigener Berufszweig: die Aschenbrenner (heute noch ein verbreiteter Familienname). Sie waren, wie die Köhler, meist arme Leute ohne eigenes Ackerland.

In irdenen Tiegeln schmolz man im einfachen Ofen das »Gemenge« (das sind Quarzsand + Pottasche + Metalle/Oxyde für die Farbe). Mit der »Glasbläserpfeife«, einem langen Eisenrohr, wurde aus einem Klumpen zähflüssigen Glases erst eine Kugel, dann eine lange Flasche geblasen. Durch ständiges Drehen in hölzernen Formen wurde die Blase zu einem länglichen Zylinder. War sie erkaltet, wurde im Ofen weitergeblasen. War sie groß genug, wurde sie am unteren Ende aufgestoßen und mit einem Stock ausgeweitet. Der aufgesprengte Zylinder wurde dann in einem anderen Ofen wieder erhitzt und, wenn er weich genug war, auf der heißen Schamotteplatte im Ofen mit einem Holzklotz eben gebügelt. Nach langsamem Auskühlen konnte das Glas dann zum Glasmaler gebracht werden.

Abb. 149: In der Werkstatt des Glasmalers: Es entsteht das Feld eines Fensters, gestiftet von den Eignern der Grube Dieselmuot aus dem Gewinn der Silbergruben am Schauinsland. Es zeigt Bergleute bei der Arbeit unter Tage.

Der Glasmaler zeichnete auf ein Brett (Papier gab es noch nicht!) den Entwurf. Die farbigen Gläser wurden mit heißen Eisen zerkleinert, mit der Kröselzange zugerichtet und auf das Brett mit der Zeichnung gelegt.

Die Malerei wurde mit »Schwarzlot« (zerstoßene Eisenschlacke, die beim Schmieden abfällt, und Glaspulver, mit Essig angeteigt) auf die Glasstücke aufgestrichen und im Ofen aufgebrannt. Die fertigen Stücke wurden dann mit »Bleiruten« (die beidseitig einen Falz haben) aneinander gefügt und verlötet – ein arbeitsaufwändiger Vorgang, der viel Zeit in Anspruch nahm und Geschick und Erfahrung brauchte.

Nun wurden die verbleiten Glas-Felder von Glasträgern auf »Hutten« sorgfältig zum Münster getragen. Dort hatten die Gerüstbauer vor den Fenstern neue Gerüste gebaut. Die fertigen Felder wurden dann in die Falze der Maßwerke und die Quersprossen aus Eisen eingesetzt, die Deckschienen aufgesetzt, verkeilt und verkittet.

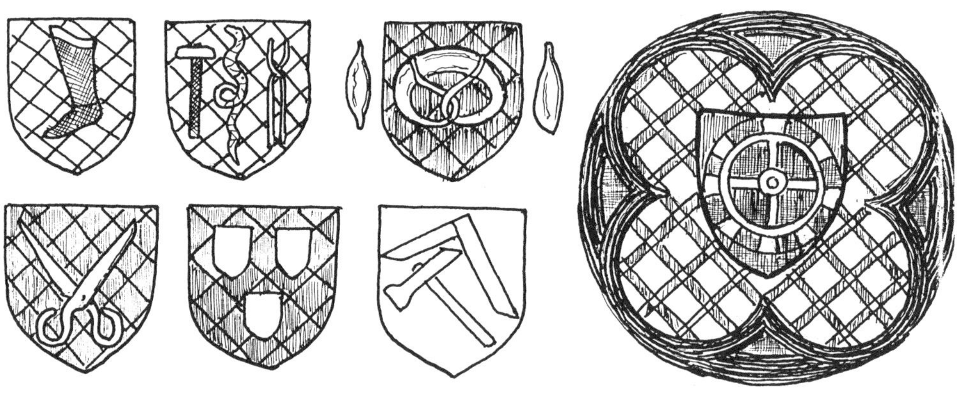

Abb. 150: Die Wappen der Zünfte in den gestifteten Fenstern:
Schuster
Schmiede
Bäcker
Schneider
Maler
Maurer
Das Wappen der Müller im Vierpass der großen Westrose im Nord-Seitenschiff.

Die Rolle der Zünfte

War im Anfang der Münsterbau Sache des Stadtadels, so hatten mit der Zeit die Handwerker mehr Selbstbewusstsein entwickelt. Voller Stolz hatten sie auch den Münsterbau gefördert. So wurden die Fenster von den einzelnen Zünften gestiftet.

Seit der neuen Stadtverfassung von 1293 hatten die Zünfte (das waren die unter dem Obristzunftmeister zusammengefassten Handwerker) mit acht Sitzen im Rat und zwei Sitzen im Gericht viel mehr Mitspracherecht als früher. Und damit übernahmen sie auch mehr Pflichten. So übernahmen sie die Verwaltung und Kontrolle der Maße und Gewichte, d.h. die Marktordnung ... und sie stifteten für den Münsterbau!

So herrlich, wie im 21. Kapitel der Offenbarung des Johannes die Gottesstadt im Himmel beschrieben ist, so herrlich sollte auch das Gotteshaus auf Erden gestaltet werden. Das war für lange Zeiten der Maßstab der Gläubigen. Sie verwandten alle Sorgfalt darauf, ihre Kirchen kostbar auszuschmücken. Man hoffte, die Weisung Jesu zu befolgen: »Sammelt nicht nur Schätze auf Erden ... sondern auch Schätze im Himmel!« Das verwirklichte man durch Stiftungen für Arme und Kranke, z.B. für den Spitalfonds, oder für die Toten. Die Gelder für die Toten- und Jahrestagsmessen flossen zum größten Teil in den Münsterbau.

Was das Frühmittelalter in der »festen Burg unseres Gottes« mit Türmen und Galerien verwirklicht sah, das sollten in den Kirchen der Gotik die den Blick zum Himmel lenkenden Pfeiler und Säulenbündel sein, vor allem aber die Glasfenster: »die Wände mit Edelsteinen besetzt«! Und das waren sie tatsächlich, gemessen an Arbeitsaufwand und Wirkung; die farbigen Fenster waren die »Edelsteine«, von denen die Offenbarung sprach und die das irdische Licht in himmlisches verwandelten.

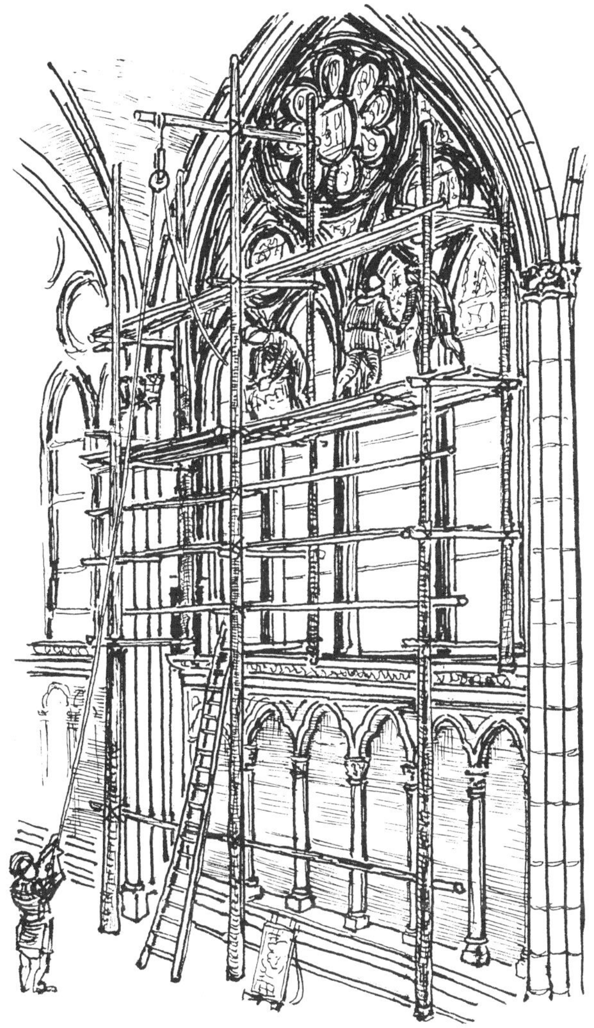

Die Glasmalerei war um 1300–1500 auf der Höhe ihrer Entwicklung. Ihre Technologie und Kunstfertigkeit geriet dann in Vergessenheit und wurde erst in der Mitte des 19. Jh. wieder entwickelt!

Abb. 152: In die Maßwerkfenster werden die Farbscheiben eingesetzt.

Abb. 151: Bleiruten mit Lötstellen >
Geschmiedete Windstangen mit aufgelöteten Blei-Haften >

Geschmiedete Sprossen schon im Maßwerk eingemauert >
Kitt und Deckschiene (Eisen) >
Befestigungskeile >>>

Abb. 153: Das Langhaus von innen. Die Apostelfiguren werden versetzt, Stifter schauen nach »ihren« Figuren. Der Boden erhält einen Ziegelsplitt-Estrich. Der Blick ist frei zum (noch romanischen) Chor. Mit der Innenausstattung kann begonnen werden.

Mit Ungeduld werden die Bürger den Abriss der Trennwand erwartet haben. Endlich bot sich dem Betrachter die Wirkung des gesamten Raumes mit seinen 14 Pfeilerbündeln dar (die Vierungspfeiler mitgerechnet). Gottesdienst konnte nun im ganzen Bau gefeiert werden.

Die Säulen der Kirche bedeuten die zwölf Apostel. Der als Ersatz für den Verräter Judas nachgewählte Matthias ist darunter, ebenso Paulus, der Letztberufene, als Dreizehnter. Am 14. Pfeiler steht der Auferstandene, ihm gegenüber der ungläubige Thomas, dem Jesus die geöffnete Seitenwunde zeigt und spricht: »Weil Du gesehen hast, Thomas, glaubst Du. Selig sind die, die nicht sehen und doch glauben!«

Und immer wieder wurden Stifter gesucht. Wer bezahlte die Apostelfiguren? Diesmal waren es reiche Familien, die stolz ihre Wappen auf den Konsolen anbringen ließen.

Als der Turm fertig war, wurden Steinmetze (Bildhauer) für neue Aufgaben frei. Das mag der Anlass für die Stiftung einer Heilig-Grab-Kapelle gewesen sein. Sie ist gegen 1330 geschaffen worden.

Abb. 154: Pfeilerfigur. Petrus, erkennbar am Schlüssel.

Abb. 155: Bartholomäus. Ihm wurde die Haut abgezogen – deshalb das Schindermesser in seiner rechten Hand.

Eine Architektur im Kleinen ist da aufgebaut: die Fassade einer Kapelle. Es sind die Wimperge und die feingliedrigen Kreuzblumen des Turmes in Miniatur. Fünf schmale fein profilierte Säulen tragen die Wimperge mit Krabben und Kreuzblumen, darüber Maria Magdalena und Maria, die Mutter Jesu, mit dem Auferstandenen. Engel flankieren rechts und links außen. Im Innern sieht man den Grabstein, auf dem der Leichnam Jesu liegt.

Weintrauben mit Blättern säumen den Rand, und aus der Seitenwunde quillt das Blut in Form ebensolcher Trauben: ein Hinweis auf die Eucharistie. In der Brust Jesu befindet sich eine kleine verschließbare Öffnung, in der von Karfreitag bis Ostern die geweihte Hostie aufbewahrt wurde. Zur Erinnerung daran, dass Jesus in der Hand der Hohenpriester und des jüdischen Hohen Rates war, wurde der Schlüssel dafür der städtischen Obrigkeit übergeben. Man feierte das Leiden und Sterben Jesu eben sehr sinnenfällig, für das Volk zum Miterleben, wie ein Schauspiel.

Wie die Soldaten der Grafen und die Stadtwache um 1330 ausgesehen haben, kann man sehr schön an den am Grab schlafenden Wachen studieren. Man muss die Gruppe aber als Ganzes sehen: Im Innern der Kapelle, hinter der liegenden Jesus-Figur und dem Betrachter zugewandt, stehen die Frauen mit den Salbgefäßen und zwei Engel, die ihnen als Ersten die Osterbotschaft verkünden. Und ganz oben, zwischen zierlichen Fialen mit Kreuzblumen, steht der Auferstandene zwischen zwei der Frauen; wieder flankieren zwei Engel. Das zeitliche Hintereinander ist hier in tieferem Sinn in bildhafter Gleichzeitigkeit verwoben.

Abb. 156: Die Frontplatte des »Heiligen Grabes« wird in zwei Teilen gearbeitet. Darauf sind die am Grabe schlafenden Soldaten in der Rüstung jener Jahre dargestellt.

Mit verschiedenen Zeremonien wurde z.B. der Karfreitagsgottesdienst für das Volk sinnenfällig gefeiert: so barg der Priester die eucharistische Hostie im »Heiligen Grab« in einer kleinen Pyxis in der Brust Jesu. Er symbolisierte so in der liturgischen Handlung die Grablegung. Auch die Prozession am Palmsonntag wurde so »gespielt«, und die Zünfte organisierten die einzelnen Gruppen, wie es auf einem 180 Jahre später entstandenen Bildteppich mit Szenen der Passion dargestellt ist. Aus diesen Bräuchen sind später die Passionsspiele entstanden. Ebensolche festlichen Prozessionen sind seit 1479 auch für den »Herrgottstag«, das Fronleichnamsfest, verbürgt.

Am Münster war nicht nur der Pfarrrektor für den Gottesdienst zuständig, sondern auch viele Kapläne. Um die 30 müssen es gewesen sein. Unter den Chortürmen waren zwei Kapellen mit Altären. An den Pfeilern, rund um den Lettner und im Querhaus standen mehrere Altäre, an denen diese Priester ihre täglichen Messen feierten, und es muss schon ein arges Gedränge gewesen sein. Es war genau festgelegt, wann die einzelnen Priester in der Sakristei fertig angezogen stehen mussten, sobald nämlich der vorher Zelebrierende fertig war. Anhand der Zeichnung kann man sich auch vorstellen, wie so viele Messen nebeneinanderher gefeiert wurden. Und allen wohnten einige Gläubige bei.

Manche reichen Familien unterhielten eigene Geistliche, d.h. sie stifteten »Pfründe« zu deren Unterhalt.

Abb. 157: Karfreitagsliturgie: Die geweihte Hostie wird im »Heiligen Grab« in der Brust der Jesusfigur deponiert.

Abb. 158: Am Palmsonntag wurde in der Prozession ein hölzerner Esel auf Rädern mit einer Figur Jesu darauf mitgeführt. Am Nachmittag durften auch Kinder gegen ein geringes Entgelt darauf sitzen.

Abb. 159: Im Karfreitags-
gottesdienst übergibt der
Priester den Schlüssel
des »Heiligen Grabes«
an den Bürgermeister.

Abb. 160: Die Vierung. Chor mit Lettner. Hauptaltar in der Apsis mit Hängekreuz und (gotischer) Madonna in einer Nische. An allen Altären lesen Kapläne ihre Messen. Um das Orgelpositiv stehen die Sängerknaben.

Um mehr Platz für Altäre zu schaffen, wurden Kapellen zwischen die Pfeiler der Nordseite gebaut. Der Einbau von Kapellen brachte allerdings nicht die nötige Entlastung von der (Altar-) Raumnot. Schon deshalb entschloss man sich zum Chorneubau mit Kapellenkranz.

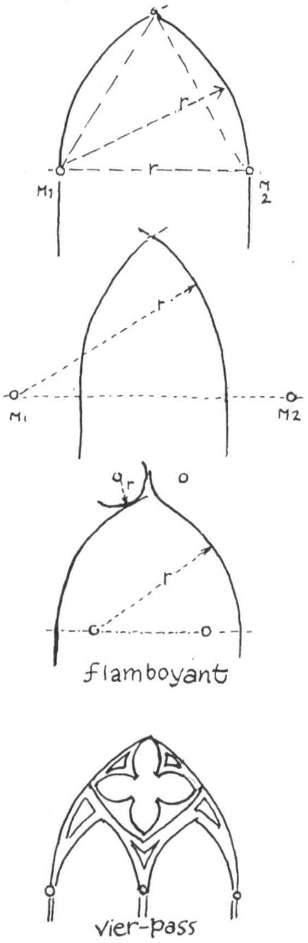

Abb. 161a/b: Die Entwicklung des Spitzbogens.
c: Ein Kielbogen oder »Eselsrücken«.
d: Ein Vierpass in sphärischem Viereck.

Abb. 162: Die Peter- und Pauls-Kapelle (wohl schon von einem »Parler« gebaut) mit spätgotischen Maßwerkfenstern.

Abb. 163: Und so präsentiert sich das Freiburger Münster um 1340 von außen. Es beweist den Opferwillen der Bürger »zu Gottes und zu Unser Lieben Frauen Ehre« ... aber auch zur eigenen!

Abb. 164: Die um 1350 am Südquerhaus begonnene Kapelle wurde mehrfach verändert. Der Türsturz mit dem Datum 1366 scheint bei einem solchen Umbau versetzt worden zu sein. Die Kapelle hatte eine Empore. Im 16. Jahrhundert wurde sie zur Sakristei umgebaut. Die zu einem Obergeschoss erweiterte Empore ist seither Schatzkammer.

Die Parlerzeit

Die romanischen Chortürme standen in keinem Verhältnis mehr zum hohen Hauptturm; deshalb beschloss man um 1340, die beiden Chortürme aufzustocken (gegen 1350 dürften sie fertig geworden sein). Dazu berief der Rat einen Meister aus einer damals sehr berühmten Baumeisterfamilie aus Schwäbisch Gmünd. Wer es genau war, ist unbekannt; Mitglieder der Familie waren in Köln und Straßburg tätig, Bruder Peter am Veitsdom zu Prag.

Damals kamen die Zunamen auf, meist nach dem Beruf. Und da sie alle am Bau tätig waren, nannte man sie die »Parlier« oder Parler.

Der Meister kam also nach Freiburg. Sein Bild hat er uns als Konsol-Büste unter einer Krabbe am Südturm hinterlassen. Vielleicht zeigt die andere Büste einen seiner Verwandten, der mitgekommen war. Unter seiner Leitung wurden die Türme aufgestockt und wohl auch die Peter- und Pauls-Kapelle angebaut. Das Maßwerkfenster ist in den inneren kleinen Teilen den Fenstern des Hauptturmes ähnlich, aber der äußere Rahmen ist

Der »Parlier« – von französisch parler = sprechen – war ursprünglich der Sprecher der Mannschaft, was einem Vorarbeiter gleichkommt. Dies wurde zum Titel und zur Rangbezeichnung (»Polier«).

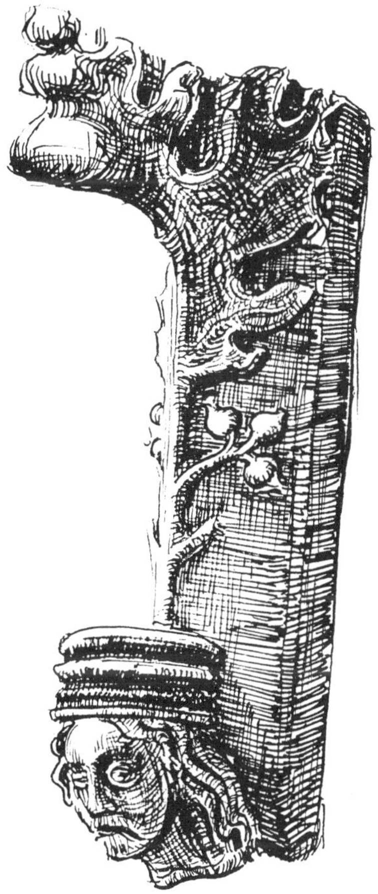

Abb. 165: Krabbe von einem der Hahnentürme (so heißen heute die beiden Chortürme) mit Meisterbildnissen (Abb. 166). Ist einer davon Meister Johannes von Gmünd? Sein Wappen (Abb. 167) ist am Münster zweimal zu finden.

Abb. 168 und 169: Wie der Hauptturm haben auch die Chortürme mit Maßwerk durchbrochene Pyramiden. In jeder Querstrebe sind wie am Hauptturm geschmiedete Eisenstangen eingelegt und die Rillen mit Blei ausgegossen.

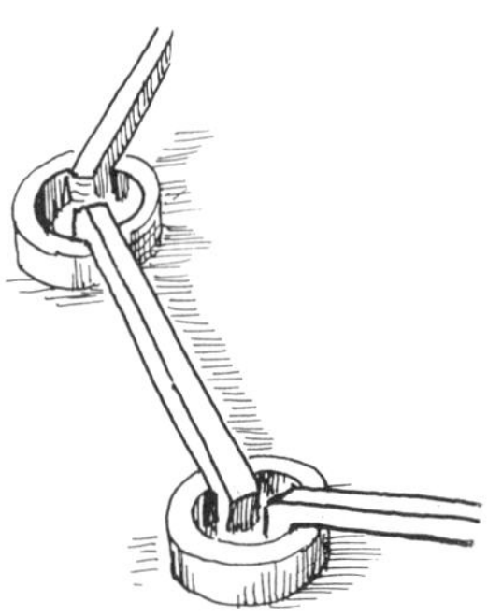

in den neuen Formen gestaltet, wie sie die Parler pflegten. Vor allem an den Pfeilern sind schon die Formen der Kielbogen oder Eselsrücken zu erkennen. (In Frankreich, wo diese Form zuerst auftrat, nannte man sie »Flamboyant«; siehe Abb. 161c.)

Ganz deutlich sind diese Formen auch an den aufgestockten Türmen zu sehen. Am unteren Geschoss sind die beiden schmalhohen Fenster mit einem gedrückten Bogen überwölbt, der – mit zierlichen Krabben besetzt – ganz deutlich in eine Flammenzunge mündet und von je einer großen Kreuzblume gekrönt ist. Darüber zeigen je zwei weitere schmalhohe Fenster Vierpässe. Dieses obere Geschoss legt sich wie ein Korb um den unteren Teil der durchbrochenen Pyramide.

Wieder war es soweit, eine Kreuzblume aufzusetzen. Und wieder ist uns kein Fest überliefert. Vielleicht hängt es mit den wirtschaftlichen und politischen Krisen jener Jahre zusammen – und mit der Pest, die viele Menschen dahingerafft hat.

Wer den Chor entwarf, ist ungewiss. Man schreibt ihn den Parlern zu. Ob es Johannes von Gmünd war? Zwar liegt ein Werkvertrag erst für 1359 vor. Es ist aber nicht gesagt, dass er nicht schon vorher einen hatte. Jedenfalls wird er nach dem großen Erdbeben von 1356 zum Wiederaufbau des Basler Münsterchores berufen. Man wird keinem Unerfahrenen diese Aufgabe anvertraut haben. Ab 1357 ist er wieder in Freiburg tätig und pendelt wohl zwischen beiden Baustellen. Im Vertrag von 1359 wird er bis an sein Lebensende ganz und ausschließlich für »Unser Lieben Frowen Bow« verpflichtet. Und es wird ihm Lohn zugesichert, ob er arbeiten kann oder »siech« (krank) sein sollte (dies dürfte der älteste Arbeitsvertrag mit Lohnfortzahlung im Krankheitsfalle sein).

Wahrscheinlich war im Gesamtkonzept der Türme-Aufstockung auch schon der Entwurf für den Chor mit dem Kapellenkranz inbegriffen.

Abb. 170: Die aufgestockten Chor-Flankentürme erhielten je einen Wetterhahn. Seither nennt man sie »Hahnentürme«.

Abb. 171: Um 1350 sind die Chortürme von den Parlern um zwei Geschosse aufgestockt (vgl. Abb. 163).

Abb. 172: Die feierliche Segnung des Grundsteins.

1354, nur vier Jahre, nachdem der ganze Oberrhein von einer Pestepidemie heimgesucht worden war, war man mit den Fundamenten so weit, dass man am nördlichen Seitenportal feierlich den Grundstein (Abb. 173) legen konnte. Das war natürlich ein großes Fest. In gotischen Lettern ist dies Ereignis samt genauem Datum (dem Vorabend des Festes Mariä Verkündigung am 25. März) darauf festgehalten.

Die Arbeiten gingen zunächst auch zügig vorwärts. An zwei Stellen findet man des Johannes' Meisterzeichen: einen Doppelwinkel mit drei Maurerhämmern (das gleiche wie jenes, das auch als Siegel am Werkvertrag zu sehen ist; s. Abb. 167).

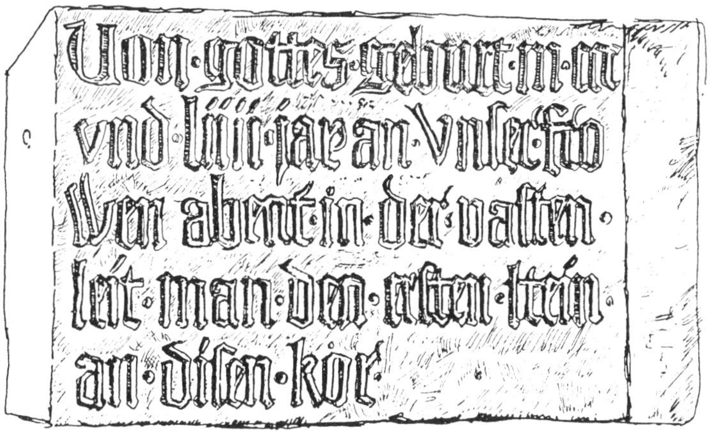

Von Gottes Geburt 1354 Jar an unser Frowen Abent in der Vasten [Fastenzeit] leit [legt] man den ersten Stein an disen Kor [Chor].

Mit den Parlern beginnt eine neue Zeit. Das neue Menschenbild beginnt sich auch in den Figuren niederzuschlagen, sowohl in den Menschen- wie auch in den Gottes-Darstellungen. Im Schöpfungsportal auf der Chor-Nordseite ist die Gottvater-Figur nicht mehr von hoheitsvollen, überlängten, elegant geschwungenen Proportionen, sondern von gedrungenen, menschlich und derb. Auch Adam und Eva sind derbe, gedrungene Gestalten. Aus dem gleichen Stilgefühl heraus sind die Madonna und der Christophorus gestaltet, zärtlich-menschlich auch jeweils der Jesusknabe auf ihren Armen bzw. seinen Schultern.

Parlerskulpturen vom südlichen Chor-Seitenportal, um 1370(?): Madonna mit Kind (Abb. 174) und der hl. Christophorus mit dem Jesuskind (Abb. 175). – Hat Johannes (bzw. Hans) von Gmünd nach der Stilllegung des Baus noch weiter an den Figuren gearbeitet? Sie könnten für einen anderen Platz bestimmt gewesen sein.

Abb. 176 und 177: Das Schöpfungsportal am nördlichen Chor-Seiteneingang ist die »Hochzeitspforte«. In der rechten unteren Szene führt Gottvater dem Adam die Eva zu, legt ihre Hände ineinander. Das ist der alte Eheschließungsritus. Deshalb pflegten sich die Brautleute in diesem Portal das Jawort zu geben. Erst im 16. Jahrhundert, als der Chorumgang schon fertig war, wurde die Eheschließung vor dem Priester in die Kirche hineinverlegt. – Zweierlei Hände waren wohl am Schöpfungs-(Hochzeits-)Portal tätig; der Meister der oberen Szenen mochte noch aus Frankreich gekommen sein.

Der erzählende Stil und die menschliche Sichtweise der Parlerzeit sind auch am Tympanon des Süd-(Chor-)Seitenportals erkennbar (Abb. 180). Die Apostelfiguren sind gedrungen. Knieend um das Sterbebett Marias, beten sie aus Büchern! Petrus steht der Sterbezeremonie vor: Er hat den Weihwasserkessel und das Aspergill (samt der Hand abgebrochen und später falsch ergänzt) in der Hand. Die Engel spielen Musikinstrumente jener Zeit: Harfe, Laute, Radleier und sogar eine tragbare Orgel (Portativ)!

Abb. 178: Erschaffung der Eva. Wie die vorige Gruppe (Abb. 177) ist auch diese Szene fast primitiv gestaltet.

Abb. 179: Parlerskulptur vom Schöpfungsportal: Gottvater mit dem Himmelsgewölbe, an das er die Sterne befestigt. Diese Skulptur ist nicht so derb.

Abb. 180: Marientod und Marienkrönung. Tympanon des südlichen Chorportals.

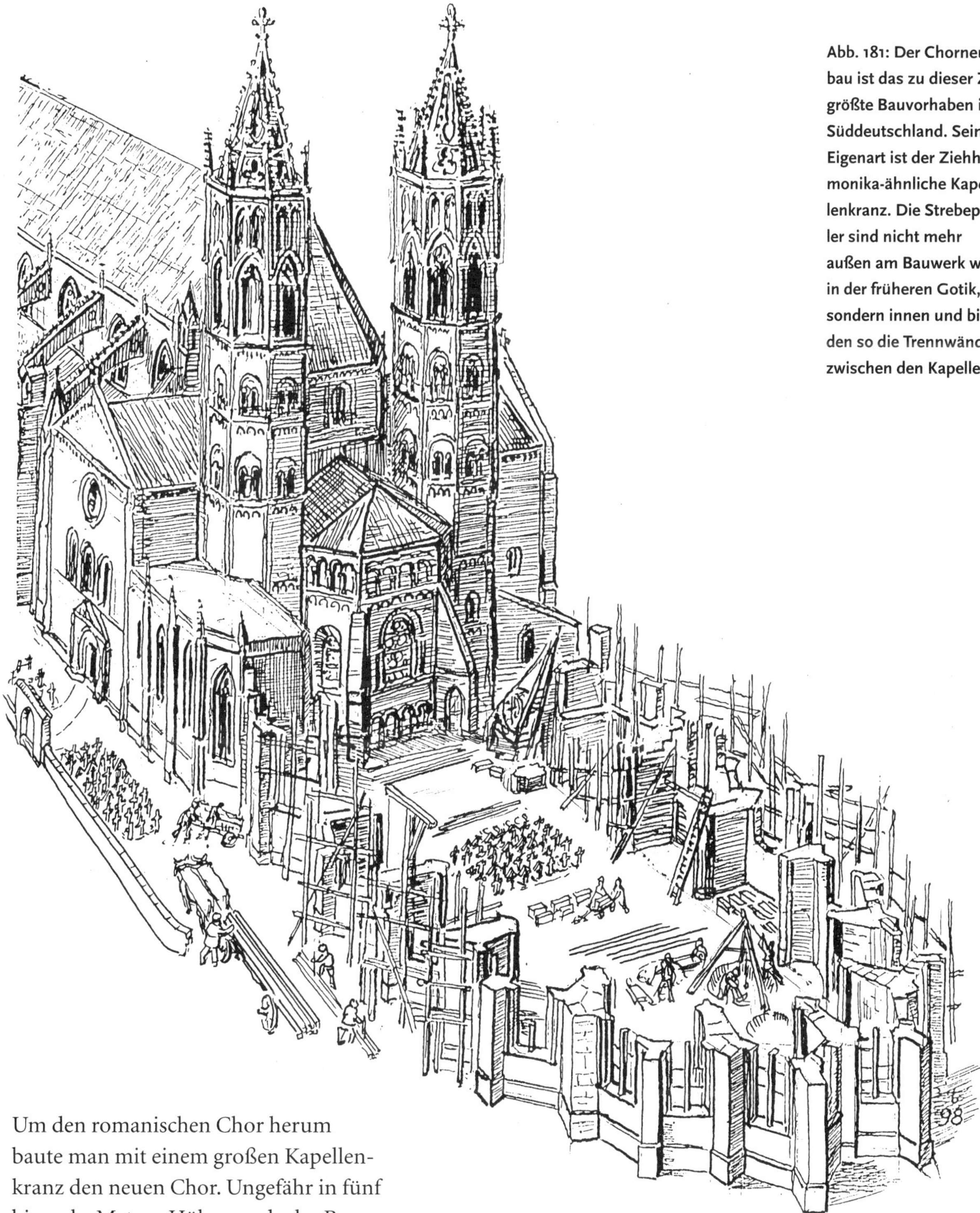

Abb. 181: Der Chorneubau ist das zu dieser Zeit größte Bauvorhaben in Süddeutschland. Seine Eigenart ist der Ziehharmonika-ähnliche Kapellenkranz. Die Strebepfeiler sind nicht mehr außen am Bauwerk wie in der früheren Gotik, sondern innen und bilden so die Trennwände zwischen den Kapellen.

Um den romanischen Chor herum baute man mit einem großen Kapellenkranz den neuen Chor. Ungefähr in fünf bis sechs Metern Höhe wurde der Bau aus Geldmangel eingestellt und stand so fast hundert Jahre als Bauruine. Der Friedhof war teilweise noch benutzt!

Politisch und wirtschaftlich turbulente Jahre

Wer durch Freiburgs Altstadt streift, kommt in der Turmgasse auch an der »Gerichtslaube« vorbei. Dies ist Freiburgs ältestes Rathaus, nach der Kriegszerstörung sorgfältig nach alten Befunden wieder aufgebaut.

1303 wird zum ersten Mal ein eigenes Rathaus erwähnt. Es wurde wohl schon um 1280 erbaut. Im Erdgeschoss hat es einen großen Saal mit reihum schönen Spitzbogenfenstern. Hier fanden 1497/98 die Sitzungen des von Kaiser Maximilian einberufenen Reichstages statt.

Im oberen Stockwerk waren die kleineren Kanzleistuben untergebracht, denn mehr und mehr waren für den Gerichtsverkehr Schriftstücke nötig, welche die »Notare« besorgten (der Zeichnung liegen die Funde der Maßwerk-Fensterreste zugrunde). Erst 1546–1552 wurde der obere große Saal mit schönen Renaissancefenstern gebaut, der Zugang nach außen verlegt und die Treppe mit einer Maßwerkbrüstung verziert (die stammt natürlich aus der Münsterbauhütte). Die Treppe überstand die Bomben, nur der Saal wurde rekonstruiert, z.T. unter Verwendung alter Bauteile. Seit dem 16. Jahrhundert fanden hier auch die Gerichtssitzungen statt. Seither hat sich die Bezeichnung »Gerichtslaube« eingebürgert. Hier beratschlagten also die vornehmen Herren des Stadtrates. Das immer wiederkehrende leidige Thema waren die Geldforderungen der Grafen.

Abb. 182: Der Saal im Erdgeschoss des ältesten Rathauses von Freiburg (um 1280 gebaut, heute rekonstruiert, »Gerichtslaube« genannt).

Abb. 183: Das Rathaus von 1280. Das Obergeschoss enthielt die Kanzleistuben.

Abb. 184: Maßwerkfenster vom Obergeschoss des Rathauses.

Abb. 185: Die weit verbreitete Freiburger Münze, der »Rappen«. Das Wappenbild des Adlerkopfes wurde eher für einen Raben gehalten, daher die Bezeichnung. Die Münze galt im ganzen Gebiet des »Rappenmünzbundes« als Zahlungsmittel.

Nach der Schlacht von Lehen mit dem Tod des Bischofs von Straßburg 1299 waren die Rechtsfragen immer noch offen. Erst 1307 einigte man sich: Den Bürgermeister wählte der Rat, den Zunftmeister die Zunftgenossen. Nur das Schultheißenamt wurde vom Grafen bestellt.

Im Streben nach Rechtssicherheit vor allem für die Kaufleute auf den Straßen auf dem Lande erreichte die Stadt in der Folge den Schutz des Reiches. Aber freie Reichsstadt wurde sie (leider) nicht.

Als 1316 Egino II. die Regierung an seinen Sohn Konrad übergab, erhielt die Stadt weitere Rechte: unter anderem gingen die Abgaben für Korn und Wein (Verbrauchssteuern) an die Stadt. Vor allem aber konnte die Stadt nicht mehr für die Schulden der Grafen haftbar gemacht werden.

1327 musste der Graf sogar das Münzrecht an die Stadt abtreten und gleichzeitig versprechen, die Stadt nicht mehr zu verpfänden. Das kostete die Bürger allerdings die ungeheure Summe von 4000 Mark Silber.

Aber schon vier Jahre später musste die Stadt für neue Schulden aufkommen. Das Verhältnis zu den Grafen spitzte sich immer mehr zu. Eine kriegerische Auseinandersetzung war abzusehen. Die Freiburger suchten auswärtige Verbündete gegen den Grafen, so in Basel, Straßburg, Villingen, Rottweil und Kenzingen.

Im Vertrag von 1344 wurde den Bürgern sogar versprochen, sie dürften sich einen neuen Herren wählen, wenn die Grafen die Stadt noch einmal verpfänden würden. Aber die Schuldenlast des Grafenhauses wurde immer drückender. Der Erlös aus den Silbergruben war sehr zurückgegangen.

1366 kam es endgültig zum Bruch: Um einem Übergriff des Grafen zuvorzukommen, bestürmten die Bürger mit Hilfe angeworbener Söldner im Frühsommer dieses Jahres die Burg auf dem

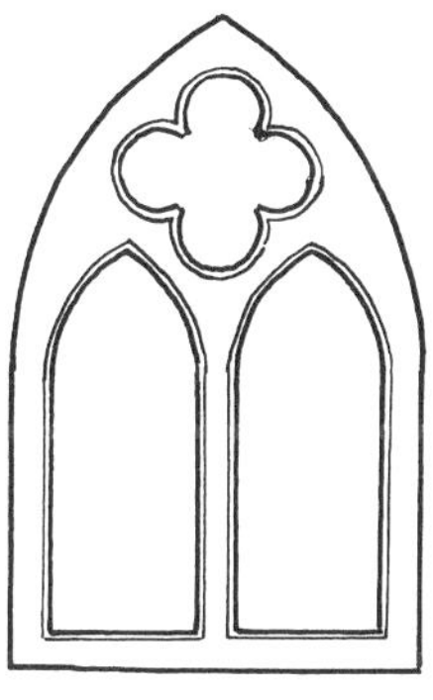

Abb. 186: Erstürmung des Schlossbergs.

Schlossberg und zerstörten sie teilweise. Dabei sollen zum ersten Mal »Mörser« mit Schwarzpulver verwendet worden sein (vgl. Abb. 186). Schließlich hatte der Mönch Bertold Schwarz ja kurz zuvor in Freiburg das Schießpulver erfunden.

Im Herbst des darauf folgenden Jahres holte der Graf zum Gegenschlag aus. Das städtische Heer, verstärkt durch Truppen aus Basel, Breisach, Neuenburg und Kenzingen, unterlag dem gräflichen Heer.

1368 kaufte sich die Stadt um 15.000 Mark Silber von den Grafen frei. Um die Gefangenen auszulösen, musste sie noch einmal 5000 Mark Silber aufbringen. Das Haus Habsburg hatte vermittelt – und unter dessen Schutz stellte sich die Stadt Freiburg und war von da an habsburgisch.

Erstmals wurden ab Mitte des 14. Jahrhunderts bei Belagerungen Geschütze eingesetzt. Sie wurden aus geschmiedeten eisernen Ringen im Feuer geschweißt. Im dünneren Rohrteil wurde das Pulver mit brennender Lunte zur Explosion gebracht. Der dickere Teil – »Flug«, später »Lauf« genannt – nahm die steinerne Kugel auf. Der kurze »Flug« war die Ursache für die geringe Zielgenauigkeit.

Die Bezeichnung »Mörser« kam wohl von der Ähnlichkeit zu den in den Apotheken verwendeten Mörsern (von lat. mortarium) zum Zerstoßen der Medikamente, aber auch des Schießpulvers. Der Mörser ist bis heute ein Zeichen für Apotheken und Drogerien.

Abb. 187: Ein Apothekenmörser.

Abb. 188: Ein »Mörser« mit Steinkugeln.

Bei all diesen Querelen gingen der Turmbau und die Vollendung des Münsters weiter. Aber die Pest, die Kriegszerstörungen und der Rückgang des Erlöses aus den Silbergruben am Schauinsland hatten die Wirtschaftskraft der Stadt erschöpft. Darunter schien der Fonds der Münsterfabrik jedoch erst als Letztes zu leiden. Den Rest gab der Stadt aber die Niederlage des habsburgischen Ritterheeres gegen die Eidgenossen bei Sempach. Wie die sundgauischen und breisgauischen Ritter, waren auch die Freiburger mit einem Fähnlein zur Heerfolge verpflichtet. Ihr Anführer war der zum Ritterstand aufgestiegene Martin Malterer. Erzherzog Leopold und fast alle Ritter fielen in der Schlacht. Der breisgauische Adel war dezimiert, und im Rat der Stadt wurden viele Sitze nicht mehr vom Adel besetzt. Jetzt drängten die Zünfte darauf, mehr Sitze zu erhalten.

Das traf nun auch den Münsterbau. Der neue Chor mit Kapellenkranz war Sache der Reichen, des Adels gewesen. Die Handwerker hatten daran kein Interesse mehr. Der Bau wurde nach und nach fast ganz eingestellt.

Abb. 189: Dem Ritter Martin Malterer hat die Stadt Freiburg für seine Tapferkeit und Treue zum Haus Habsburg ein Denkmal gesetzt. Die Sandstein-Plastik an der Schwabentorbrücke zeigt ihn mit der Fahne der Stadt, wie er den zu Tode verwundeten Erzherzog Leopold schützt, bis er selbst fällt.

Abb. 190: Die Schlacht von Sempach am 9. Juli 1386 nach einem zeitgenössischen Holzschnitt von Hans Asper.

Die Münsterpfleger hatten neben den üblichen Sorgen auch die Aufgabe, den angefangenen Bau zu schützen, vor allen Dingen vor dem Wetter. Mit Stroh und Schindeln wurden die angefangenen Pfeiler abgedeckt. Im Innern des Chorbereichs war bis zur Wiederaufnahme der Bauarbeiten wahrscheinlich noch ein Teil des Friedhofs mit Gräbern belegt.

Einzelne Bildhauer oder Steinmetze haben wohl weitergearbeitet. Manche Hüttenleute waren integriert in der Stadt, blieben und nahmen private Arbeiten an (so entstand das eine oder andere schöne Hausportal). Viele sind sicher an andere Hütten abgewandert. Neue Impulse kamen erst mit der Gründung der Universität und dem Zuzug von Humanisten in die Stadt.

Die folgenden Jahre unter der Herrschaft Habsburgs waren für die Stadt nicht immer glücklich. Zwar hatte das Haus Habsburg einen Teil der ungeheuren Ablösesumme übernommen, aber durch das Eintreten seines Herzogs Friedrich IV. »mit der leeren Tasche« für den beim Konstanzer Konzil im Jahre 1415 abgesetzten Papst Johannes XXIII. geriet dieser in Reichsacht und die Stadt mit ihm. Für kurze Zeit (1415–1427) war Freiburg freie Reichsstadt und kehrte erst unter den Schutz Habsburgs zurück, als der Herzog seine Lehen und damit den Breisgau wieder zurückerhalten hatte.

Abb. 191: Ungefähr auf diesem Stand wurden die Arbeiten am Chorumgang eingestellt.

Dritter Teil

Vom Zuzug der Humanisten bis zum Dreißigjährigen Krieg

Datentafel 1450–1618

1456/1460 Erzherzog Albrecht VI. gründet die Universität. Zuzug der Humanisten nach Freiburg, neue Impulse für die Stadt. Das Patronat (die Pfarrherrn-Pfründe) geht an die Universität.
1465 Erste Erwähnung einer Orgel.
1471 Wiederaufnahme der Bauarbeiten am Münsterchor. Als neuer Werkmeister wird Hans Niesenberger aus Graz berufen. Er leitet die Arbeiten bis zur Schließung der Chorarkaden und zur Errichtung der Fenster-Bogen des Kapellenkranzes (ohne die Maßwerke).
1491 Hans Niesenberger entlassen; als neuer Werkmeister wird 1492 Meister Leonhard eingeführt.
1498 Juni bis September: der von Kaiser Maximilian einberufene Reichstag in Freiburg.
1502 Hans Niederländer wird verpflichtet. Er führt den Chorbau zu Ende.
1510 Die Gewölbe im Chor werden geschlossen; schon einige Jahre zuvor wurde der alte romanische Chor im Innern abgerissen.
1513 Weihe des Chores durch den Konstanzer Weihbischof.
1512–1516 Hans Baldung Grien malt den Hochaltar und »visiert« (entwirft) viele Fenster. Ausgeführt werden sie in der seit 1508 in Freiburg ansässigen Werkstatt des Hans Gitschmann von Ropstein »dem Glaser«.
1525 Beschießung der Stadt und des Münsters im Bauernkrieg (ohne größere Schäden).
1530–1540 Schließung der Gewölbe im Chorumgang.
1545 Bau der großen Langschifforgel durch Jörg Ebert aus Ravensburg.
1559–1561 Jörg Kempf baut die Kanzel.
1561 Verheerender Blitzschlag in den Turm, die Erneuerung dauert sechs Jahre.
1578 Münsterbaumeister Hans Böhringer erweitert die Heilig-Grab-Kapelle.
1579 Der Renaissance-Lettner, entworfen wahrscheinlich von Hans Böhringer, wird vor den alten Lettner gebaut.
1618/20 Michael Glück errichtet die Renaissancevorhalle vor dem Südquerhaus.

Die Gründung der Universität und das Aufblühen der Künste

1446 wurden die habsburgischen Stammlande geteilt. Die »Vorlande« erhielt Herzog Albrecht VI. Seine Gemahlin Mechthild von der Pfalz hatte gute Verbindungen zu den Humanisten. Ihrer Initiative hat man es lange zuschreiben wollen, dass Albrecht (ab 1453 Erzherzog) sich von 1455 an um die Gründung der Universität bemühte. 1457 wurde der Stiftungsbrief unterzeichnet, 1460 erfolgte die feierliche Eröffnung. Das nach Albrechts Tod gestiftete Szepter des Rektors trägt die beiden Wappen des Erzherzogs und seiner Gemahlin.

Albrecht residierte 1454 in Freiburg, griff auch ordnend in das Geschehen in der Stadt ein. Im Sommer jenes Jahres lud er zu Ehren Herzog Philipps des Guten von Burgund viele Fürsten und den Bischof von Straßburg samt ihrem Gefolge in die Stadt ein. Vom 1. bis 8. Juli dauerte das Fest.

Abb. 192: Erzherzog Albrecht VI., Gründer der Universität, und seine Gemahlin Mechthild von der Pfalz.

Mit der Eröffnung der Universität kam neuer Schwung in die Stadt. Die bedeutendsten Humanisten der Zeit wurden nach Freiburg gezogen.

Die finanzielle Absicherung der Universitätsstiftung wurde zum Teil mit den Einkünften der Münsterpfarrei gekoppelt (nur der Fonds der Münsterfabrik und die Kasse der Kapläne waren davon ausgenommen). Damit hatte auch der Münsterbau neue Anbindungen an eine größere Organisation bekommen. Einer der ersten, schon 1457 berufenen Lehrer, Johannes Kerer, setzte sich als Münsterpfarrer nachhaltig für die Wiederaufnahme der Bauarbeiten ein. Ab 1464 begannen die Freiburger wieder Geld zu sammeln, und als man 1472 einen neuen Meister, Hans Niesenberger, berief, reiste Kerer nach Rom, um für Stifter für den Münsterbau einen Ablass zu erbitten. Ein solcher wurde von Papst Sixtus IV. auch gewährt.

Johannes Kerers Studenten wurden berühmte Leute, u.a. Jakob Wimpfeling, Johannes Eck, Jakob Locher und Johann Geiler von Kaysersberg, der später berühmte Kanzelredner von Straßburg. Kerer wurde 1493 Weihbischof in Augsburg und stiftete von dort aus für Freiburger Studenten eine Wohn-»Burse«, das »Collegium Sapientiae«.

Henricus Loriti Glareanus, seit 1529 Professor für Poetik an der Universität, war auch als Musikinstruktor am Münster tätig.

Im Gefolge der Humanisten siedelten sich eine Druckerei und ein Papiermacher am Kanal vor dem oberen Tor an. Auch die Edelsteinschleifer nutzten die Wasserkraft für ihre Schleifsteine. Langsam überwand Freiburg die Krise.

Abb. 193: Erasmus von Rotterdam diktiert seinem Schreiber.

Abb. 194: Die Knabenschola singt unter der Leitung des Cantors zum Gottesdienst.

Abb. 195: So mag es in der Lateinschule zugegangen sein: Der Magister trägt zum Zeichen seiner Autorität die Rute, desgleichen sein Helfer.

Eine reiche Musikpflege entfaltete sich in der Stadt – durch die Turmbläser auf dem Münsterturm, in Kreisen der Universität, durch die Schüler der Lateinschule in ein- und mehrstimmigem Gesang unter Leitung des Cantors, durch die Organisten am Münster. Der Ort für Ensemble-Musik dürfte bei und auf dem Lettner gewesen sein, der einst den Chorraum vom Langschiff trennte, bevor er 1785 an die Seiten der Vierung verlegt wurde. Auf dem Lettner dürfte eine Kleinorgel, Positiv genannt, gestanden haben (vgl. Abb. 160 und 194).

Erstmalig ist eine große Münster-Orgel Mitte des 15. Jahrhunderts nachweisbar; eine Urkunde von 1465 erlaubte die Umwidmung einer Pfründe für das Gehalt eines Organisten. Der Platz der Orgel war bereits die nördliche Hochschiffwand im Langhaus. Die Klaviatur befand sich auf einer Kanzel, dem so genannten »Schwalbennest«. Der Organist erreichte es über die Seitenschiffgewölbe (wie auch heute noch). Dort war auch das Balghaus, in dem die Blasebälge aufgezogen wurden, die die Orgel mit Wind versorgten.

Als 1529 in Basel die Reformation nach zwinglianischem Muster eingeführt wurde, mussten dort die Orgeln verstummen. Die Freiburger kauften von dort eine an und vergrößerten damit ihre Münsterorgel. Darunter hängte man 1530 die Trompeterfigur (Abb. 196, unten) des Sixt von Staufen; durch einen Zug kann der Organist den rechten Arm des Trompeters hochziehen und ihn so sein Instrument an den Mund führen lassen. Die Figur ersetzte wohl eine ältere Narrengestalt, »Rohraffe« genannt, deren Namen sie übernahm und bis heute beibehielt.

Abb. 196

Eine klangprächtige Orgel erhielt das Münster 1545 durch Meister Jörg Ebert aus Ravensburg. Ihren Klang kann man sich gut vorstellen, weil die Ebert-Orgel von 1558 in der Hofkirche zu Innsbruck noch erhalten ist. Die Freiburger Ebert-Orgel war hoch geschätzt und bestand – bis zu ihrem Umbau zur heutigen Form – im Wesentlichen bis 1929.

Abb. 197

Abb. 198: Meister Hans Niesenberger aus Graz wird für den Weiterbau des Chores berufen; sein Porträt als Konsolbüste.

Für den Weiterbau des Chores verpfändeten die Bürger ihre Häuser. Die Arbeiten wurden wieder aufgenommen und neue Räume für die Bauhütte errichtet. Einen Polier und seinen Sohn brachte der neue Werkmeister mit, den die Münsterpfleger aus Graz berufen hatten: Hans Niesenberger. Ihm oblag es, neue Werkleute anzuwerben. Er baute nach den Parlerplänen weiter, brachte aber fürs Detail die neueren spätgotischen Formen ein, vor allem das Fischblasenmuster der Maßwerke.

Am Chorumgang wurden die hohen Spitzbogenfenster zum Teil wohl ohne Lehrgerüste aufgemauert, denn nicht nur die Formen hatten sich geändert, sondern auch die Technik hatte sich weiterentwickelt, vor allem die Hebetechnik. Es gab nun Flaschenzüge mit zwei und vier Rollen (siehe Abb. 197 und 217).

Am südlichen Seitenportal wurden die Parlerfiguren, die Madonna (Abb. 174) und der heilige Christophorus mit dem Jesuskind auf den Schultern (Abb. 175) auf vorhandene Konsolen unter den mit Fialen bekrönten Baldachinen gestellt.

Oben an den Pfeilern wurden die Wasserspeier nach und nach (zwischen 1508 und 1545) eingebaut – Menschen und Tiere, Fabelwesen und Dämonen, alles, was den Steinmetzen ihre blühende Fantasie eingab.

Abb. 199: Wiederaufnahme der Bauarbeiten am Chorumgang.

Abb. 200: Nach Wiederaufnahme der Bauarbeiten mussten zuerst die obersten Mauerschichten auf etwa entstandene Frostschäden – in der fast hundertjährigen Pause – untersucht werden. Dann mauerte man den Kapellenkranz hoch und begann am alten Chor und den Hahnentürmen mit den ersten Jochen des Hochchores. Unten links im Bild: die neue Bauhütte.

Freilich fehlte oft die ordnende Hand des Meisters. Da Niesenberger gleichzeitig am Dom zu Mailand zu Rate gezogen wurde, war er oft länger abwesend, überließ allzuviel seinen Mitarbeitern. Das Ergebnis ist heute noch zu sehen: Asymmetrisch-schiefe Fenster am Kapellenkranz und Gewölbeansätze, deren Rippen in der Mitte nicht zusammenzuführen waren.

Hans Niesenberger hat den Bau nicht vollendet. 1479 konnte er immer noch kein überzeugendes Konzept für den inneren Chor vorweisen. Die Mauern der ersten beiden Joche neben den Hahnentürmen samt den Fenstern konnte er wahrscheinlich noch aufführen; er scheiterte aber wohl an den östlichen Chorpfeilern.

Abb. 201: Die Südseite des Chorumgangs im Bau. Die Wasserspeier wurden erst nach und nach (1508–1545) angebracht.

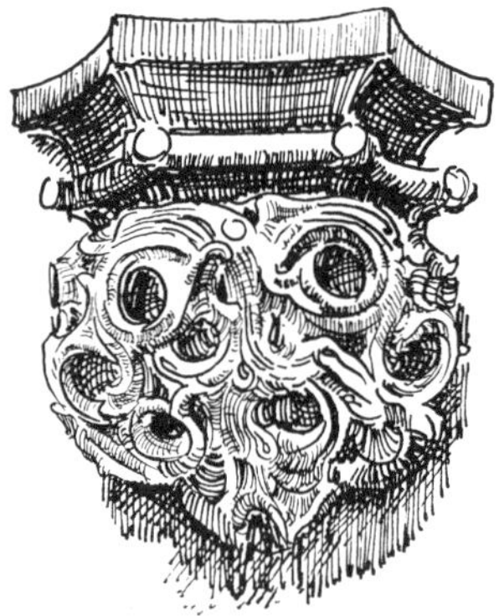

Bis 1492 waren immerhin die Arkaden mit ihren spitzen Bogen aufgeführt. So konnte endlich das Gerüst für die obere Hälfte des Hochchores gezimmert werden. Hoch oben entstanden nun die Wände, nur durch schmale Pfeiler innen und außen verstärkt, von hohen Fenstern durchbrochen; die vielfältigen, dafür vorgesehenen Maßwerke werden erst 1508 versetzt. Die hohen Wände haben nur einige Gewölbejoche als Verbindung zum Chorumgang. Vorerst wurden sie nur durch dicke Balken mit der gegenüber liegenden Wand verbunden und so stabilisiert.

Abb. 202: Das Gegenstück zur Meisterbüste, die sogenannte Meisterin. Zum ersten Mal wird die Frau mit einbezogen.

Abb. 203: Die neuen Formen: Maßwerk aus Fischblasen.

Abb. 204: Eine andere Konsole zeigt einen Meister und die Meisterin vereint.

Abb. 205: Neue Formen auch an Konsolen. Die Blatt- und Stielformen sind mehr an der Natur orientiert. Stäbe erscheinen wie über Kreuz gelegt und abgeschnitten. Unglaublich tiefe Hohlräume erfordern höchste handwerkliche Fertigkeit und spezielles Werkzeug. Die für diese Konsolen vorgesehenen Figuren sind nie gefertigt worden!

Nach den vorhandenen Schablonen werden in den gleichen Formen die nächsten Blöcke gehauen und auf die begonnenen Pfeiler im Chor versetzt. Die reich profilierten Spitzbogen des Chores wachsen aber ohne Kapitelle aus den schlanken Pfeilern.

Hier entstehen die Säulenbündel des Hochchores. Auf drei (oder vier) zugerichteten Blöcken wird die Schablone aufgerissen (aufgebrettert) (Abb. 206), dann werden senkrecht herunter die Halbsäulen gehauen (ein Mann mit Winkelscheit kontrolliert); allerdings müssen die Blöcke umgebockt werden, damit die Profile waagrecht bearbeitet werden können (Abb. 207). Darauf werden die fertigen Blöcke einer Pfeilerschicht Stück um Stück versetzt. In jeder Schicht (aus drei oder vier Blöcken) sind die senkrechten Fugen unterschiedlich angeordnet, so dass ein stabiler Verbund entsteht (Abb. 208).

Abb. 206

Abb. 207

Abb. 208

Abb. 209: So weit dürfte der Bau 1492 gewesen sein, als Meister Leonhard die Bauaufsicht übernahm. Auf der Zeichnung sind die nördliche Hochchorwand und das Gerüst für die Einwölbung in Arbeit.

Der neue Chor

Wann der Anschluss des neuen Chores an den alten romanischen Chor erfolgte, ist umstritten. Bisher (Kempf und Adam) nahm man ein Datum um 1510, also zwei Jahre vor der Einwölbung, an. Nun ist aber nach neuesten Forschungen (Flum) Abbruchmaterial vom romanischen Chor schon in der südlichen Wand über den Arkaden des Hochchores eingebaut. Eindeutig ist dies an den Steinmetzzeichen zu erkennen. Also muss der romanische Chor schon zehn Jahre früher abgerissen worden sein. Zusätzlich ist durch Rechnungen bewiesen, dass die beiden ersten, westlichen Hochchorfenster schon um 1494 verglast wurden, also samt Maßwerk fertig waren. Daraus lässt sich der hier dargestellte Arbeitsablauf nach der Wiederaufnahme der Arbeiten nach 1471 folgern.

Abb. 210: Abbruch eines Teiles des romanischen Chores. Anschluss des neuen Chores an den Rest des alten bei den Hahnentürmen.

Die ersten beiden Pfeiler rechts und links wurden in die Ecke des alten Chores gesetzt. Der runde Dienst in der Ecke wurde gelassen, die Schräge abgearbeitet und dafür ein senkrechter Streifen des alten Chores abgerissen, der Pfeiler des neuen Chores mit dem alten verzahnt aufgeführt. Das alte Gewölbe wurde abgerissen und der Chor durch ein Notdach geschützt, bis das erste Joch samt Fenstern fertig war, denn es wurde der Gottesdienst ja auch in diesen Jahren weiter gefeiert. Die beiden Fenster wurden 1494 auch gleich verglast. Die Lücke zwischen Hahnentürmen und Vierungs-Oktogon wurde recht flüchtig mit Ziegelsteinen vermauert und verputzt. Die Quaderstruktur an diesen Stellen ist nur aufgemalt! Die Pfeiler und Fenster der Nordseite folgten als Nächstes.

Das Gerüst für den Hochchor musste sehr stabil gebaut werden, weil ein zweites Stockwerk darüber das Lehrgerüst für das Gewölbe aufnehmen musste.

Abb. 211: Die Nordseite des Chores wurde zuerst aufgeführt. Auf den Diensten sind die Gewölberippen-Ansatzstücke zu sehen. Der erste schmale Dienst ganz links ist in der unteren Hälfte noch romanisch. Die durchgesteckten Stabilisierungsbalken sind später entfernt worden.

Die dicken waagrechten Balken gingen durch die Wände der Bogenreihen hindurch bis in den Bereich des Umgangs. Sie hatten die Aufgabe, die Wände zu stabilisieren, bis der Anschluss der Gewölbe fertig war.

Wegen mangelhafter Bauaufsicht, »unwerklichkeit« und »ungestalt« seiner Gewölbeansätze wurde Niesenberger 1491 entlassen. Die Münsterpfleger beriefen für die Weiterführung den Meister Leonhard (schriftlich genannt wird er aber erst 1498). Unter ihm wurde viel vorbereitetes Material am Bau versetzt, deshalb ging es nun zügig weiter. Ob die Maßwerke für die Fenster der Hochchor-Nordseite unter ihm gehauen wurden, ist schwer feststellbar.

Nach seinem Tod im Frühjahr 1502 wurde noch im Herbst desselben Jahres Hans Niederländer berufen. Er vollendete in weiteren zehn Jahren das Hochschiff mit den reich gegliederten Fenstern und der Einwölbung des Hochchores.

Abb. 212: Das vollständige Abtragen des romanischen Chorpolygons hat begonnen. Mit Abbruchmaterial vom alten Chor wurde die Südwand in den oberen Bereichen fertig gemauert (wie romanische Steinmetzzeichen belegen).

Abb. 213 und 214: Eine Schwarzwälder Klopfsägemühle, wie sie noch bis ins 20. Jahrhundert – immer weiter verbessert – in Betrieb war.

Endlich war der oberste Mauerkranz am Hochchor fertig, und man konnte an das Dach gehen, denn erst dann konnte das Gewölbe gemauert werden. Viele Tannen und Fichten mussten in den stadteigenen Waldungen geschlagen und in den Sägemühlen zugerichtet werden, um das Holz für das Gerüst des hohen Chores und – noch mehr – für den gewaltigen Dachstuhl bereitzustellen. Das setzt eine hohe Kapazität der Sägemühlen, aber auch des Transportwesens voraus.

Für die Mitte des 14. Jahrhunderts sind für den Schwarzwald die ersten »Klopf-« oder »Plottsägemühlen« verbürgt. Die älteste Zeichnung einer Klopfsäge fertigte Villard d'Honnecourt, ein französischer Baumeister, im Jahr 1245 in seinem Bauhüttenbuch. Aber wo mag er die auf seiner Wanderschaft gesehen haben?

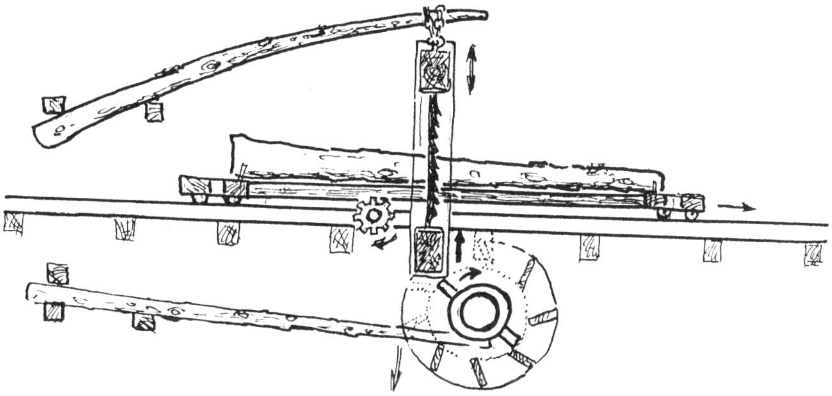

Die »Plottsäge«: Ein Sägeblatt, in einen schweren Rahmen (das »Gatter«) eingespannt, wird durch die beiden Nocken an der Welle des Wasserrades hochgehoben. Dabei wird die Hebewirkung unterstützt durch einen elastischen Baum, der zusätzlich anhebt. Beim Herunterfallen (alemannisch: »plotzen«) tritt die Säge in Funktion. Der Fall wird unten durch ebenso elastische Baumstämme aufgefangen und wieder nach oben gefedert. Der aufzusägende Stamm ist auf zwei mit Rädchen versehenen Böcken festgekeilt. Der Arbeits-Vorschub des Wagens wurde zunächst von Hand betätigt, aber schon bald mit Zahnrad und Zahnstange mechanisiert.

Abb. 215: Die Wirkungsweise einer »Plott-« oder »Klopfsäge« schematisch dargestellt: Die auf der Mühlrad-Welle montierten Nocken heben das »Gatter« an. Die Auf- und Fallbewegung wird durch junge, noch elastische Stämme abgefedert.

Abb. 216: Die Zimmerleute schlagen über dem Chorhaupt den Dachstuhl auf.

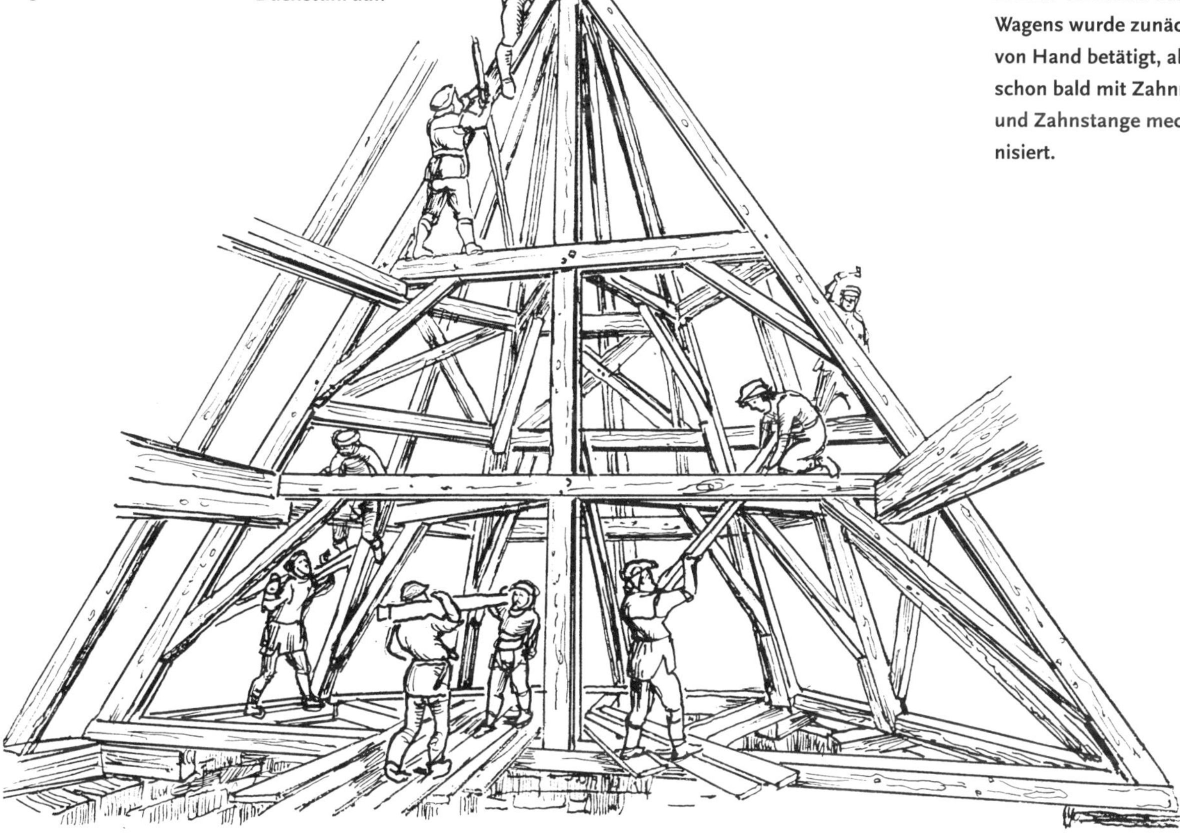

Abb. 217: Flaschenzug mit zwei Rollen.

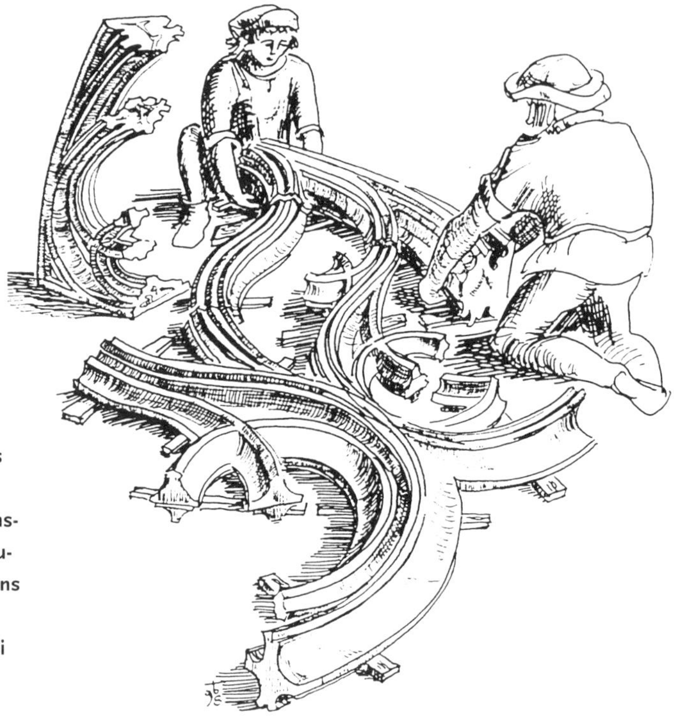

Abb. 218 und 219: Das Fischblasenmaßwerk eines Chorumgangfensters wird von zwei Bauleuten aufgelegt und ins Fenster versetzt, die Fugen werden mit Blei ausgegossen.

Da man daran dachte, so bald wie möglich den Bischof zur Chorweihe einzuladen, wurden die Maßwerke und die Zier-Gewölberippen des Chorumganges (sie haben keine statische Funktion mehr) bis nach der Schließung der Gewölbe (1510) zurückgestellt. Auch die Maßwerke der Fenster des Kapellenkranzes wurden erst nach der Einwölbung versetzt. So wurde denn das große schwere Gerüst abgebaut, so dass man an die Ausstattung des Chorraumes, vor allem an den Fußboden und den Altaraufbau, gehen konnte.

Abb. 220: Das Dach des neuen Chores ist fertig gezimmert und eingedeckt. Die zierlich-leichten Strebebogen werden z.T. erst nach und nach eingefügt (der letzte Bogen auf der Südseite erst 1508!). Die Gewölbe der Chor-Kapellen und des Umganges werden mit großen Sandsteinplatten gedeckt.

Abb. 221

Die Balken für den komplizierten Dachstuhl und die Bohlen für das Lehrgerüst wurden in den Sägemühlen des Schwarzwaldes vorgerichtet und mit Fuhrwerken zur Stadt gefahren. (Ob sie – weil nicht geflößt – dadurch anfälliger für den Holzwurm wurden? Jedenfalls musste der Dachstuhl in den Jahren 1986–1988 komplett saniert werden.)

Im Schutz des großen Daches konnten die Zimmerleute die Lehrgerüste für das große Gewölbe aufschlagen. Es bestand aus 19 Meter langen Kreissegmenten, die in zwei Etagen im Winkel von 30° zur Außenwand aufgebaut wurden. Dadurch entstanden die rautenförmigen Kassetten des »Netzgewölbes«. Der Winkel wurde mit dem Zirkel als Sechserteilung des Kreises konstruiert (Abb. 221). Keine der Rippen geht von Außenwand zu Außenwand. Jede wurde einmal abgeknickt im rechten Winkel auf die Außenwand bzw. auf den Pfeiler geführt. Über den Fenster-Stichkappen sind sie sogar im Halbkreis ebenfalls auf die Pfeiler (sogar frei durch den Raum) geleitet. Die Zwischenräume sind mit Backsteinen ausgemauert – nur einen Stein stark, d.h. die Gewölbe sind nur 12 cm dick! Dadurch haben sie geringes Eigengewicht und bringen weniger Schub auf die Pfeiler.

Aber es ist noch eine Besonderheit dabei, gewissermaßen ein Trick: Im Querschnitt (in der kürzesten Distanz von Pfeiler zu Pfeiler) ergibt diese Konstruktion eine Parabel, die praktisch überhaupt keinen waagrechten Außenschub mehr bewirkt und damit in sich selbst tragend ist. Deshalb überlegte man, ob Strebebogen auf der Südseite überhaupt noch nötig seien. Sie wurden aus Sicherheitsgründen und wohl auch der Symmetrie wegen ganz zum Schluss (1508) doch noch gebaut, denn an der Nordseite waren sie schon gleich mitgebaut worden.

Abb. 222: Das Lehrgerüst wird eingebaut. Die Segmente werden mit dem großen Tretrad hochgezogen. Die Hochchorwände werden mit den schlanken Strebebogen nach außen abgestützt. – Sie konnten so zierlich konstruiert werden, weil sie ja längst nicht mehr so viel Seitenschub aufzufangen hatten wie die um 170 Jahre älteren am Mittelschiff.

Abb. 223: Blick in das Netzgewölbe (1510 vollendet).
Für die drei Schlusssteinöffnungen schnitzte Hans Wydyz das Marienrelief, einen Engel und ein Wappenschild.

Abb. 224: Die Fenster des Chorhauptes – von Kaiser Maximilian gestiftet – werden eingesetzt. Die übrigen Fenster des Hochchores stifteten einzelne Familien. Ganz deutlich ist die Parabelform des Gewölbes zu erkennen.

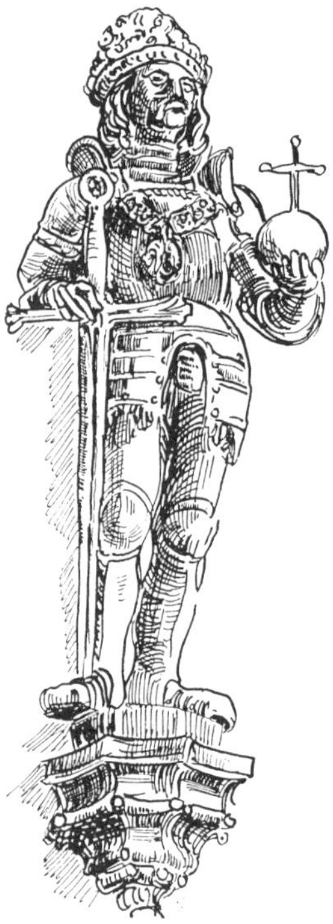

Der Kaiser und seine Stadt – Freiburgs goldenes Zeitalter

Als 14-Jähriger hatte Maximilian in Begleitung seines Vaters, Kaiser Friedrich III., zum ersten Mal Freiburg besucht. 1490 huldigte ihm die Stadt als König und neuem Landesherrn. Nach dem Tode seines Vaters 1493 wurde er Kaiser. Durch seine Gunst erlebte die Stadt in seiner Regierungszeit eine Art »goldenes Zeitalter«.

Viele der Freiburger Universitätsprofessoren gehörten zum engeren Beraterkreis des Kaisers. Sie bauten in Freiburg ihre Häuser, so etwa Konrad Stürzel auf sechs ehemaligen Hofstätten sein großes Stadtpalais (den späteren »Basler Hof«, in dem der Kaiser 1505 sein Gast war). Der Jurist war schon von Herzog Sigismund zum Rat erhoben worden und war Vorstand der Hofkanzlei für Österreich und Burgund. Der Kaufmann Jakob Villinger hatte sich das »Haus zum Walfisch« erbauen lassen. Zwar lebte er meist in Augsburg, war aber oft in Freiburg und besorgte das Amt eines Generalschatzmeisters des Kaisers und seiner Gattin. Er erhielt den Titel eines »Grand Trésorier«. Stürzel und Villinger stifteten je eine Kapelle des Chorumgangs. Der Jurist Ulrich Zasius war zunächst Stadtschreiber und Leiter der Lateinschule; er besorgte das »Nüwe [neue] Stadtrecht«. 1506 wurde er Professor der juristischen Fakultät.

1497 berief Kaiser Maximilian den Reichstag nach Freiburg. Da das für die Zusammenkünfte bestimmte (Korn-) Haus nicht rechtzeitig fertig wurde, mussten die Fürsten im unteren Saal des Rathauses (der »Gerichtslaube«) zusammenkommen. Die vielen Probleme der Unterbringung und Verpflegung musste der Stadtschreiber Jakob Mennel lösen. Er wurde später zum Hofhistoriographen ernannt und blieb dem Kaiser verbunden. Der Kaiser verlieh der Stadt das Recht, Goldmünzen zu prägen, und machte viele Stiftungen für das Münster.

Zum Dank für die vielen Gunsterweise ließ die Stadt 1532 die Bildnisse Kaiser Maximilians, seines Sohnes und seiner Enkel am neu erbauten Kaufhaus in Stein gehauen anbringen.

Abb. 225: Kaiser Maximilian, der letzte Ritter. Statue am Kaufhaus des Sixt von Staufen.

Abb. 226: Auf dem Schlussstein der Kaiser-Kapellen am Chorumgang: das kaiserliche Wappen mit dem Doppeladler des Reiches, der Krone und der Kette mit dem Goldenen Vlies. Auf dem Herzschild die Wappen Österreichs und Altburgunds.

Abb. 227: In den vom Hause Habsburg gestifteten Kapellen werden 1529 die Fenster von der Werkstatt Hans Gitschmann, genannt Ropstein, eingesetzt.

Die Wasserspeier des Chores (nach 1510–1545)

Mit der Fertigstellung der Abdeckung des Chorumganges mussten auch die Wasserspeier für die Entwässerung eingebaut werden.

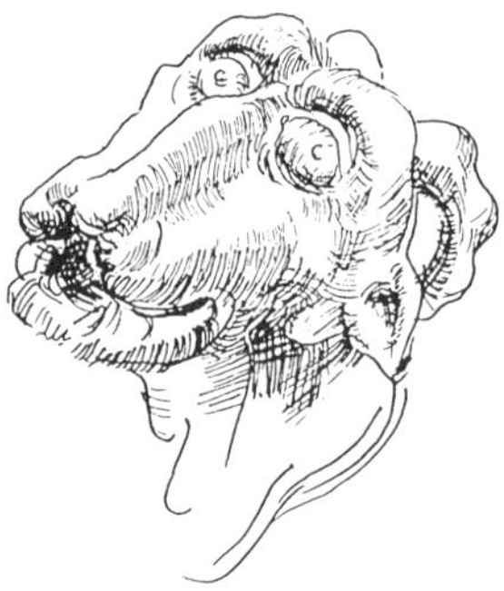

Abb. 228: Ein Gaukler mit Äffchen. Er trägt Wetter-Schutzkleidung aus dickem Filz mit Mundschutz. Das Regenwasser läuft aus einem Krug über die Schulter.

Abb. 229: Ein vierfüßiger Greif hält in den Klauen ein Wappen.

Abb. 230: Ein gehörnter Dämon (Teufel?).

Abb. 231

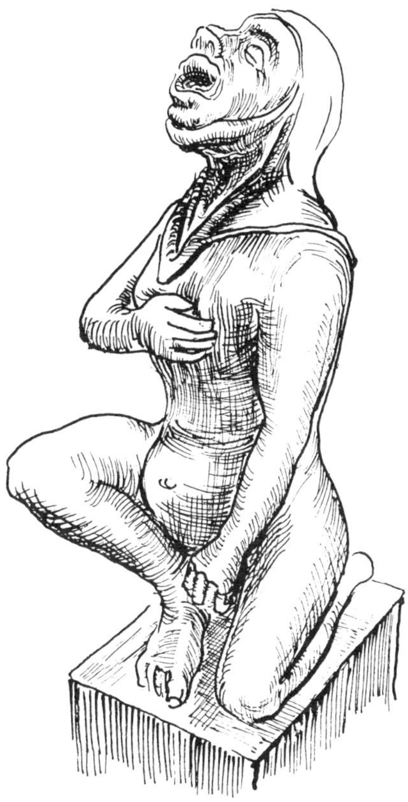

Abb. 232: Ein Wasserspeier wird versetzt.

Abb. 233: Eine unzüchtige Nonne (?)

Abb. 234: »Die heiratslustige alte Nonne« zeigt auf ihren letzten Zahn. Mit ihr verbindet sich eine Sage.

Die heiratslustige Nonne (Abb. 234)

Zu Luthers Zeit verbreitete sich die Kunde, nun dürften die Nonnen heiraten, jedenfalls die, die noch jung genug waren. Als Kriterium sollte gelten, ob sie noch Zähne hätten. Da sprang die älteste und hässlichste aller Freiburger Nonnen auf und rief:
»Ganz irre seid ihr, wenn ihr glaubt,
ich sei der Zähne ganz beraubt;
noch hab' ich einen Stumpen hier.
Heiraten will ich, wie auch ihr!
Die Schwestern riefen lachend dann:
Heil deinem künft'gen Ehemann!
Am Münsterchor in Stein gehau'n
ist dort zum Spott ihr Bild zu schau'n«
(aus dem Badischen Sagenbuch, 1898).

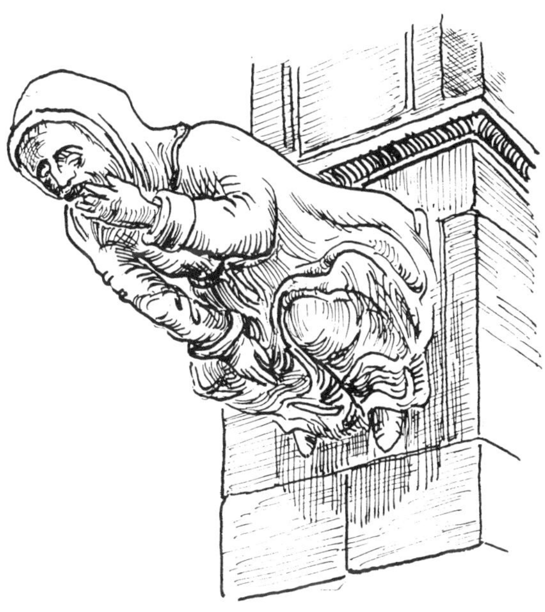

Der Hochaltar

Wie schon im Zusammenhang mit dem Bertoldsgrab (Seite 25) erwähnt, wurden die sterblichen Reste des Zähringer Herzogs aus seinem Grab am (romanischen) Chor in das südliche Seitenschiff umgebettet, in die Nähe des Hochgrabes des Freiburger Grafen Friedrich, so dass man später dessen Liegefigur für Bertolds Figur hielt. Die große Grabplatte des ersten Bertoldsgrabes wurde die Altarplatte des neuen Hochaltars und so würdig weiter verwendet. Der 5. Dezember 1513 war zum Weihetag bestimmt.

Der Weihbischof von Konstanz, Balthasar Merklin, gleichzeitig Generalvikar der Diözese, war mit seiner Begleitung angereist. Festlich hatten die Glocken die Stadtgemeinde in das nun fast fertige Münster eingeladen. Prächtig hatten sich die reichen Kaufleute und Handwerksmeister mit ihren Meisterinnen, Kindern und Mägden herausgeputzt. Alle – nach ihren Zünften geordnet, der Rat mit dem Bürgermeister voraus – zogen der Münstergeistlichkeit und dem Bischof entgegen.

Mit der Anrufung aller Heiligen begann die Zeremonie: In die Altarplatte wurde ein kleines Päckchen mit Märtyrer-Reliquien eingemauert. Der Altar wurde gewaschen (»getauft«) und mit Chrisamöl gesalbt. Fünf Wachsdochte in

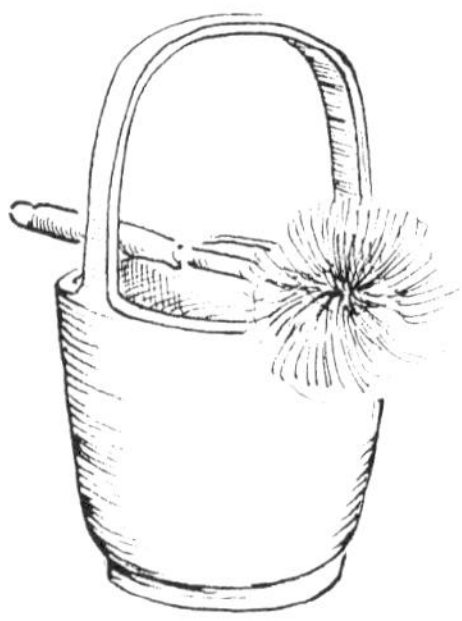

Abb. 235: Die Altarweihe. Der Bischof im Pluviale (Rauchmantel) inzensiert (beweihräuchert) den Altar. Zwei Kleriker in der Dalmatica halten helfend den Mantel zur Seite. Ministranten halten Bischofsstab und Mitra mit verhüllten Händen.

Abb. 236: Auf dem Altar brennen die Dochte mit den Weihrauchkörnern.

Abb. 237: Weihwasserkessel mit Aspergill.

Triangelform mit Weihrauchkörnern (die fünf Wundmale Christi symbolisierend) brannten auf dem Altar. Viele festliche Weihrauchschwaden erfüllten den hohen Chor, in dem ja noch nicht einmal alle Fenster eingesetzt waren. Aber die Menschen waren ja noch nicht so verwöhnt, man war gut eingemummt, und wer es sich leisten konnte, hatte seinen Festtagspelz angelegt.

Sicher ist das Fest mit Schmausen und Trinken bis in den Nachmittag weiter gefeiert worden, und die Spielleute hatten an vielen Orten zum Tanz aufzuspielen. Sicher sind auch die Bettler an solchen Tagen nicht zu kurz gekommen. So mag es sich abgespielt haben; schriftlich überliefert scheint davon nicht viel zu sein.

Abb. 238: Der Bischof mit Stab und Mitra gibt den Schlusssegen. Auf dem Altar stehen jetzt die Leuchter. Um den Altar kniet die Geistlichkeit, etwas weiter weg knien die Ratsherren mit den Münsterpflegern und die Fahnenträger der Zünfte.

Abb. 239: 1514. Ein Bauer mit der Bundschuh-Fahne. Sein Hut und das Kollar ähneln der Tracht des Bauern auf dem Wasserspeier Abb. 228.

So sehr sich die Stadtbürger über das nun endlich fast vollendete Münster freuen konnten, so brachen doch wenig später die sozialen Gegensätze umso heftiger auf. Die Bauern der Umgebung forderten ihre alten Rechte und »Freyheiten« ein. Sie schlossen sich zum »Bundschuh« zusammen. Der mit Riemen gebundene Bauernschuh war ihr Zeichen.

Im zu Freiburg gehörenden Dorf Lehen brach das Feuer aus. 1514 konnte die Stadt noch den Aufstand unterbinden, aber Jos Fritz, der Rädelsführer, konnte entkommen. 1525 zogen dann größere Haufen sengend und brennend durchs Land, bedrohten gar die Stadt und beschossen vom Schlossberg aus mit Mörsern das Münster. Gegen den Prachtbau der Bürger richtete sich der Hass der Bauern. Zum Glück konnten sie nicht viel Schaden anrichten. Die eingeschlossene Stadt musste sich ergeben und sich der Bewegung anschließen (wenn auch nur für kurze Zeit).

Schon zur Zeit der Einwölbung waren die Münsterpfleger auf der Suche nach einem bedeutenden Künstler, der einen Altar schaffen könnte. Sie waren auf einen jungen Meister aus der Werkstatt Dürers aufmerksam geworden, dessen humanistisch gebildete Familie in Straßburg lebte und dessen Bruder und ein anderer Verwandter an der Freiburger Universität Professoren waren. Es war Hans Baldung, der in der Dürerwerkstatt den Beinamen »Grien« bekommen hatte. Einen größeren Triptychonaltar hatte er schon für Halle gemalt, er hatte also Erfahrung. Ein solcher Flügelaltar kam für Freiburg in Frage. Zwei der Münsterpfleger hatten schon Verbindungen zu ihm: Aegidius Has hatte bereits ein Bild bei ihm in Auftrag gegeben, und beim Geldinstitut Sebastian Blumeneggs hatte Baldung ein Konto eingerichtet. Damit war er für einen solchen Auftrag auch kreditwürdig! Die anderen beiden Münsterpfleger stimmten zu: (der auch zum Magistrat gehörige) Ulrich Wirtner und der Schatzmeister und Fabrikprokurator (»Thesaurarius der fabrica unser Lieben Frauen«) Nikolaus Schefer. Hans Baldung bekam den Auftrag, zog nach Freiburg und richtete seine Werkstatt (vermutlich) im Franziskanerkloster (im heutigen St. Martin) ein.

Als erstes begann er mit dem Altar für die Erben des Ritter Schnewlin (gestorben 1347; siehe sein Testament Seite 58). Nach Dürers Stich »Ruhe auf der Flucht« hatte Hans Wydyz die plastische Gruppe geschnitzt: Maria auf der Rasenbank sitzend, das Jesuskind (mit Tuch-Schnuller) auf dem Schoß. Der heilige Josef hat seinen Kopf auf die Rasenbank gelegt und ist eingeschlummert. Baldung hat den Hintergrund gemalt, den Rosenhag in der Landschaft mit Burgen, die sich auch in Baldungs Skizzenbuch finden. Die Gesamtidee ist wohl von Hans Baldung. Die Ideenwelt und die Herübernahme des Heiligen in die Alltagswelt hatte er von Dürer aufgenommen und weiterentwickelt, wie man auch am Hochaltar sehen kann. Diese Denkweise lag im Zuge der Zeit.

In der Folge entstanden auch Entwürfe für Fenster, die in der Ropstein-Werkstatt ausgeführt wurden: das Fenster für die Annen-Kapelle, das die Bergknappen der Silbergruben von Todtnau stifteten, Fenster für den Hochchor und Kapellen des Chorumgangs. Die meiste Kraft verwendete er nach der Altarweihe wohl auf den Hochaltar, dessen Konzept im Werkvertrag noch nachzulesen ist: fünf Szenen aus der Heilsgeschichte, auf das Marienleben bezogen, und als Hauptthema die Marienkrönung. Die vier ersten Szenen malte er auf die Außenflügel: Verkündigung, Heimsuchung, Geburt Jesu und Flucht nach Ägypten. Als »Wandelaltar« sind diese Flügel zur Weihnachtszeit zu sehen. Die Darstellung der Epiphanie, der Heiligen Drei Könige, wies er seinem Bildhauerfreund Hans Wydyz zu. Der schnitzte die Praedella.

An Festtagen sollte bei geöffneten Fügeln die Marienkrönung zu sehen sein (Maria umrahmt von der Heiligsten Dreifaltigkeit), auf den Außenflügeln die Apostel. Wie beim Dürerschen Heller-Altar, an dem Baldung noch mitgearbeitet hatte, porträtierte Baldung Freiburger Ratsherren und Stifter. Für Maria wählte er zwei junge Freiburger Frauen, die er in der Werkstatt zeichnete.

Abb. 240: Hans Baldung zeichnet ein Freiburger Bürgermädchen. Etwas überhöht und idealisiert gestaltet er das Antlitz Mariens. Auf der Staffelei ist die Tafel für die Marienkrönung. Darauf ist das Kompositionsschema zu sehen: ein Sechseck mit umgeschriebenem und ingeschriebenem Kreis und die strengen Dreieckskompositionen, die dem Bild die Festigkeit geben und den Bezug der Personen untereinander herstellen.

Abb. 241: Die Aufstellung des Flügelaltars. Auf der Innenseite die Heiligste Dreifaltigkeit mit der Marienkrönung.
Hans Baldung Grien im Gespräch mit seinen Auftraggebern. Von links nach rechts: der Patrizier Sebastian v. Blumenegg, Aegidius Has, Hans Baldung Grien, die Münsterschaffner Nikolaus Schefer (mit Hüttenschurz) und Ulrich Wirtner.

Die Rückseite ist der Kreuzigung gewidmet: Zwischen den beiden gekreuzigten Schächern sieht man das Kreuz Jesu. In der linken Bildhälfte ist die zusammenbrechende Mutter Maria, vom Jünger Johannes gestützt, mit anderen Frauen dargestellt. Zu Füßen Jesu kniet in leidenschaftlicher Gebärde Maria Magdalena. Auch der Schädel »Adams« fehlt nicht (siehe Seite 46, Tympanon des Hauptportals). Die Soldaten auf der rechten Seite sind gekleidet wie die Zeitgenossen Baldungs. Zwei Männer blicken den Betrachter an. Einer davon, der mit rotem Barett, ist der Künstler selbst. Das Signaturtäfelchen trägt ein kleiner Junge, der unter dem rechten Schächerkreuz steht.

Auf den Außenflügeln ist links Johannes der Täufer mit dem »Lamm Gottes« auf dem Arm dargestellt, zusammen mit dem Universitätspatron Hieronymus im Kardinalspurpur. Er zieht dem Löwen, der zu seiner Legende gehört, einen Dorn aus der Pfote. Der rechte Außenflügel zeigt den Märtyrer Laurentius in der Dalmatica und den Feuerrost, auf dem er gemartert wurde, daneben den Stadtpatron, den heiligen Georg. Aus seiner naturgetreu mit allen Lichteffekten gemalten Rüstung blickt uns der damalige Bürgermeister der Stadt an. Es war in jenen Jahren der Herr Balthasar von Tegelin von Wangen. Sicher hat er nicht in seiner Rüstung Modell stehen müssen, das musste einer seiner Knechte tun. Auf der Predella sind die Münsterpfleger und der Schaffner, die für den Auftrag an Baldung verantwortlich zeichneten, betend vor Maria mit dem Kinde porträtiert, darunter ihre Namen und die Jahreszahl 1516.

Die religiöse Gesinnung und der Realismus der Kreuzigungsdarstellung lassen an Matthias Grünewalds Isenheimer Altar denken. Hans Baldung hat ihn bei der Arbeit besucht. Aus dem Gedankenaustausch wurde eine Freundschaft. Auch die Radikalität der Einstellung zur so dringend reformbedürftigen Kirche ist beiden gemeinsam.

Als das Altarwerk 1517 abgeschlossen war, kehrte Hans Baldung zu seiner Familie nach Straßburg zurück. Den Rest seines Honorars schenkte er dem Freiburger Münsterbau.

Als Straßburg sich der Reformation öffnete, schloss sich ihr auch Hans Baldung an. Er scheint sich nicht einmal

Abb. 242: Aus der Ritterrüstung schaut uns Bürgermeister Balthasar von Tegelin als heiliger Georg an.

Abb. 243: Die Signatur HBG auf einem Täfelchen (so auch auf fast allen Holzschnitten Hans Baldung Griens).

Abb. 244: Signaturtafel rechts unten neben der Predella: »Hans Baldung mit dem Beinamen Grien aus Schwäbisch Gmünd schuf dieses Werk mit Gottes Gnade und seiner eigenen schöpferischen Kraft.«

gegen den Bildersturm gewehrt zu haben, der wohl auch Werke von ihm vernichtete.

In Freiburgs Universität nahm man die reformatorischen Schriften anfangs wohlwollend auf, verschloss sich aber nach dem Reichstag zu Worms der Reformation Zwinglis und Calvins; reformatorische Schriften wurden in der Stadt sogar gesucht und vernichtet. Das Habsburg-treue Stadtregiment und die Universität blieben dem alten Glauben treu.

Freiburg hatte zwar nicht die Reformation angenommen, aber man zog nach dem Religionsfrieden zu Augsburg, der den Gottesdienst in deutscher Sprache gestattete, doch die Konsequenzen. Man gab für die Prediger eine Kanzel in Auftrag, damit das Volk besser belehrt werden könnte.

Von 1559 bis 1561 schuf Münsterwerkmeister Jörg Kempf die Kanzel. Ein wie aus Wurzel- und Astwerk gestalteter Sockel trägt einen aus spätgotischem Maßwerk gestalteten Korb (gotische Formen gelten noch lange als der Stil der Altgläubigkeit!) – das will bedeuten: »Gratia supponit naturam«, »Gnade setzt Natur voraus«; selbst mit dem Eingreifen Gottes ist nur innerhalb des Rahmens der Schöpfungsordnung zu rechnen. Oder anders gesagt: Die Natur, d.h. auch der Mensch, ist nicht ganz und gar verderbt, sondern nötiger Ausgangs- und Anknüpfungspunkt des göttlichen Gnadenhandelns – eine feine Spitze gegen Luther.

Ganz verzichtet der Meister nicht auf seine Renaissance-Gesinnung: Unter der Treppe schaut er, sein Selbstbildnis, aus einem geöffneten Fenster, aus in Stein gehauenen Butzenscheiben (Abb. 247)! Und auf dem Treppen-Handlauf sind musizierende Putten mit allen möglichen Instrumenten dargestellt (Abb. 245).

Nach und nach wurden die Kapellen des Chorumgangs fertig, 1519 zunächst die vom Kapitelsdekan Locherer gestiftete Kapelle. Für diese schuf der Bildhauer Sixt von Staufen einen Schnitzaltar mit der Schutzmantel-Madonna. Putten halten Mariens Mantel weit auseinander, so dass alle Stände, hohe und niedere, darunter Platz finden (das »Unter-den-Mantel-Nehmen« war nach damaligem Rechtsbrauch die Adoptionsgeste!).

Abb. 245: Jörg Kempf arbeitet mit einem Gesellen an der Kanzeltreppe.

Besonders ausdrucksvoll sind die Porträts und die Trachten der Menschen. Der Schrein erhielt einen prächtigen, ebenfalls aus Holz geschnitzten Fialen-Aufsatz, ein »Gesprenge«. Es ist das einzige »alte«, das erhalten ist; die auf anderen Altären sind alle »neogotisch« aus dem 19. Jahrhundert.

Abb. 246: Das Wappen mit dem Steinmetzzeichen des Münsterbaumeisters Jörg Kempf wird von einem pausbäckigen Renaissance-Putto gehalten.

Abb. 247: Die Kanzel.

Mit drei Fragen werden die Freiburg-Besucher seither auf die Probe gestellt: »Hast Du den Dornausreißer am Schwabentor gesehen? Und das betende Teufelchen am Münsterportal? Und hast Du den Mann unter der Kanzel (Abb. 247) gefragt, ob er heute schon was zu essen bekommen hat? – Na, und was hat er gesagt?« – »Nichts.« – »Also hat der Arme heute noch nichts bekommen!«

Abb. 248: Die Locherer-Kapelle mit dem Schutzmantel-Altar des Sixt von Staufen und einem »Gesprenge«.

Die Fenster der Locherer-Kapelle hatte noch Baldung Grien entworfen; sie wurden ebenfalls 1520 von der Ropstein-Werkstatt eingesetzt.

Ab 1575 ist der schwäbische Steinmetz Hans Böhringer als Münsterwerkmeister genannt. Nachdem er die durch Blitzschlag zerstörte Hauptturm-Spitze repariert hatte, öffnete er die Heilig-Grab-Kapelle mit zwei spätgotischen Maßwerkfenstern. Auch die Fischblasen-Maßwerk-Brüstungen an der Michaels-Kapelle zeigen seine Arbeitsweise als »gotischer« Meister.

Als im Jahre 1525 Basel die Reformation annahm, floh das Domkapitel mit seinem Weihbischof nach Freiburg. Sie wohnten beengt in einem Haus in der Salzstraße. Erst 1587 wurde das große Stürzel'sche Stadtpalais erworben und für die Domherren hergerichtet. Es enthielt auch eine Kapelle, für die der Bildhauer Hans Wydyz einen Dreikönigsaltar geschnitzt hatte (heute im Münster). Das Haus heißt bis heute der »Basler Hof«. Bis 1618 blieb das Kapitel in Freiburg.

Manche Humanisten flohen aus Basel, unter ihnen Erasmus von Rotterdam, auch Kaufmannsfamilien wie die Familie Oberried. Sie brachte zwei Flügel eines Altares, die sie in Basel gestiftet und vor den Bilderstürmern gerettet hatte, nach Freiburg mit und stiftete sie dem Münster für die Universitäts-Kapelle. So kam Freiburg zu einem der bedeutendsten Werke Hans Holbeins!

Abb. 249: Detail vom Schutzmantelaltar: Besonders ausdrucksvoll sind die Porträts und die Trachten der Personen. Die Frauen tragen z.T. den Mundschutz gegen die Ansteckung mit der Pest.

Abb. 250: Maßwerkfenster an der Heilig-Grab-Kapelle mit Zweischneuß und Flamboyant-Wimperg (Ziergiebel). Rechts oben neben dem Stadtwappen: Hans Böhringers Meisterwappen (1578).

Renaissance-Lettner und -Vorhalle

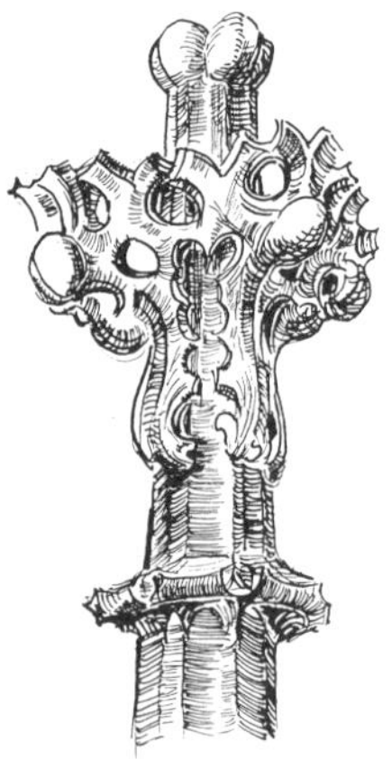

Ihr lateinisches Chorgebet verrichteten die Basler Domherren und die Münsterkapläne in dem vom Lettner umschlossenen Raum in der Vierung. Um ihn besser vom Gottesdienst des Stadtvolkes abgrenzen zu können, beschloss man (wohl auf Wunsch der Basler Herren), um die alte Chorabgrenzung in der Vierung einen neuen Lettner zu errichten. Es war wohl im Sinne der Gegenreformation, diesen in den Formen der italienisch beeinflussten Renaissance zu errichten.

Es ist fast widersinnig: Ausgerechnet in einer Zeit, als nach den Bestimmungen des Trienter Konzils, welches die Trennung zwischen Volk und Klerus verringern wollte, um es direkter am Gottesdienst zu beteiligen, in vielen Kirchen die Lettner abgebaut wurden, da baute man in Freiburg den Lettner noch aufwändiger aus.

Abb. 251: Selbstporträt des Münsterwerkmeisters Hans Böhringer (1578) am Lettner. Auf dem Wappen steht sein Steinmetzzeichen, an der Schulter sehen wir das Münsterkreuz, in den Händen Zirkel und Maß.

Abb. 252: Eine »gotische« Kreuzblume der Barockzeit im Chor.

Münsterwerkmeister Böhringer erhielt dazu 1579 den Auftrag. Die Qualität der Arbeit, vor allem der Reliefs in den Bogenzwickeln, lässt Zweifel aufkommen, ob er allein am Werk war. Es war nicht unüblich, nach Musterbüchern zu gestalten, und er könnte durchaus die Zeichnungen des Niederländers Cornelis Fries de Vriendt benutzt haben, die dieser für die neue Vorhalle des Kölner Rathauses entworfen hatte. Außerdem waren gerade (1570) zwei Bücher über die Architektur des Andrea Palladio im Druck erschienen, die großen Einfluß auf die europäische Architektur ausübten. So wurden denn nach gutem klassisch-römischem Vorbild Pfeiler mit vorgestellten Säulen nach korinthischer Ordnung und schönen Kapitellen mit Voluten und Akanthusblättern, die ein ebenso klassisches Gebälk tragen, vorbereitet und in den folgenden Jahren aus Stein gehauen. Das Steinmaterial kam aus Pfaffenweiler (es war dem Schweizer Jura-Kalkstein am ähnlichsten). Versetzt wurden die Teile ab 1583. Erst 1586 wurde der Lettner vollendet. Auch die Weise, wie der Stein

geschliffen wurde, war wohl für die Münsterbauhütte neu. Alles dies deutet darauf hin, dass anders geschulte Kräfte engagiert wurden. Das Domkapitel wollte mit dem Werk die Vormachtstellung des Klerus dokumentieren, nachdem es sich für längere Zeit einzurichten gedachte, d.h. eine Rückkehr nach Basel ausschloss. 1590 erhielt der »Basler Hof« auch ein neues Renaissance-Portal!

Glücklich waren die Freiburger – so scheint es – über den Lettner nicht. Aber ab 1618 (endgültig 1677) verließ das Basler Domkapitel Freiburg, um sich in Arlesheim niederzulassen. Nach dem Dreißigjährigen Krieg ließ der Rat im Jahre 1666 Pläne ausarbeiten, um am Lettner die Mittelachse zum Langhaus hin zu öffnen (Altermadt: 1667). Von 1785 an riß man ihn ganz ab, um ihn als Musiktribüne in den beiden Querhäusern wieder aufzustellen. Das figürliche Programm ist deshalb nicht mehr vollständig. In den Bogenzwickeln wechseln alltestamentliche Propheten mit Engeln ab, die die Leidenswerkzeuge Christi tragen, dazwischen der Engel der Verkündigung an Maria. Der (verloren gegangene) Bogen in der Mitte muss also sinnvollerweise eine Kreuzigung oder den leidenden Christus getragen haben. Oder es stand auf dem Lettner eine Kreuzigungsgruppe. Die Säulen tragen in Rollwerk-Kartuschen die Hochreliefs der vier Evangelisten und Kirchenlehrer.

Abb. 253: Rekonstruktion des Renaissance-Lettners von 1578/86. Zwei erhöhte Pulte dienen für Lesung und Evangelium. Das Pult gegen das Querhaus war für Ankündigungen des Magistrats. Dort befanden sich auch die Porträts der Münsterpfleger. Das angedeutete erste Säulenbündel des Langhauses macht die Enge deutlich, die durch diesen Einbau entstanden war.

Abb. 254: Stolz lassen sich die Münsterpfleger der Jahre 1576/79 am Lettner abbilden: Sigismund von Reinach, der angesehene Obrist-Zunftmeister Jakob Baur und Johann Federer. In Mode sind hochgestellte Kragen, Rüschen an Ärmeln und auch am Hals und Glacéhandschuhe. Sie repräsentieren Freiburgs Wohlstand!

Abb. 255: Detail vom Lettner. Die korinthische kannelierte Säule trägt ein Volutenkapitell. Die Bogenprofile zeigen Eierstab-Ornamentik. In den Zwickeln: rechts ein Prophet mit einer Schrifttafel, links ein Engel mit Kreuz, Hammer und Nägeln.

Abb. 256: Relief von einer Lettnersäule. Der Evangelist Matthäus mit seinem Attribut, dem Engel, zwischen Putten in Rollwerk-Kartuschen.

Die Rekonstruktion des Lettners erweist sich als schwierig, weil man nicht weiß, was alles verloren gegangen ist, und weil es keine Stiche oder genaue Beschreibungen über ihn gibt.

Abb. 257: Die Friedhofsmauer war gegen das unerwünschte Eindringen von Tieren in den Friedhof vor jedem Portal mit einem »Viehtritt« gesichert. Das (auf der Zeichnung) linke Portal führte zum Lammportal. Beim Bau der Loggia wurde der Viehtritt vor dem romanischen Portal in die mittlere Bogenöffnung eingebaut, die übrigen Bogen wurden mit Eisengittern abgesperrt. Die Zeichnung zeigt den zwischen 1713 und 1753 verbürgten Zustand. Das Walmdach sollte das reparierte Gewölbe besser vor Nässe schützen.

In den Jahren 1618/20 errichtete Meister Michael Glück (der Maurer!) die Vorhalle vor dem Portal des Südquerhauses. Vor diesem Portal mussten die Mütter warten, die nach der Geburt eines Kindes »ausgesegnet« wurden. Und sie standen bei schlechtem Wetter im Regen!

Diese Vorhalle ist eines der reifen Werke der deutschen Renaissance: Profilierte Plinthen (Vierkantsockel) tragen die schlanken Säulen, die den Bogen tragenden Pfeilern vorgestellt sind. Es ist die klassisch-römische Säulenordnung, wie sie Alberti, Bramante und später Palladio wieder in die Architektur eingebracht haben.

Abb. 258: Die von Michael Glück 1618–1620 erbaute Renaissance-Loggia, wie sie heute steht. Im 17. Jahrhundert war sie noch in die Friedhofsmauer eingebunden.

Abb. 259: Beschlagwerk von einer Plinthe.

»Groteskes« Rankenwerk und Figuren bilden zusammen mit dem Beschlagwerk das Dekor.

Das Beschlagwerk wird so genannt wegen seiner Ähnlichkeit mit einer mit Eisenbändern beschlagenen Truhe, auf der sogar die Nagelköpfe in Stein gebildet sind. Dem Dekor nach ist das Werk eigentlich viel früher einzuordnen. Ein vielgliedriges Schirmgewölbe war wohl nicht genügend wetterfest und musste nach den Notjahren des Dreißigjährigen Krieges durch ein einfacheres (auch leichteres mit weniger Außenschub) ersetzt werden, das sogar durch ein Walmdach geschützt wurde, bis man im 19. Jahrhundert besseren Schutz gegen das Wasser hatte und das Dach wieder entfernt werden konnte. Den Außenschub der Bogen korrigierte man mit dem Einzug von eisernen (Zug-)Stangen. Die Ansätze des ersten Gewölbes sind noch zu sehen.

Die Vorhalle wurde versetzt in den ersten Jahren des Dreißigjährigen Krieges, als das Kriegsgeschehen Freiburg noch nicht erreicht hatte.

War die Loggia ein früherer Vorschlag für einen Lettner, der nie versetzt wurde? Lagen die fein behauenen und gestalteten Werksteine gar 50 oder 70 Jahre auf irgendeinem Bauhof?

Ab 1719 wurden im Münster viele Altäre durch barocke Altäre ersetzt. Ein aufwändiges Grabmal an der rechten Chorwand, das Christian Wentzinger 1745 schuf, erinnert an den österreichischen General von Rodt. In der Stürzel-Kapelle wurde 1768 ein barocker Taufstein ebenfalls von Wentzinger entworfen und von seinen Mitarbeitern Josef Hörr (Sandsteinsockel mit Becken) und Franz Anton Xaver Hauser IV. (holzgeschnitzter Deckel) geschaffen. Dessen Sohn Franz Anton Xaver Hauser V. schnitzte die Figuren einer Abendmahlskapelle, die erst 1806 fertig wurde.

In den Jahren um 1790, als der klassizistische Geschmack vorherrschte, wurde das ganze Münster mit einer hellgrauen Tünche gestrichen, die erst 1875 wieder beseitigt wurde. Manche Farbfenster wurden durch helle Scheiben ersetzt (viele waren durch die Beschießung und die Sprengung der Festung auf dem Schlossberg beschädigt).

Nach 1795 wurde der Hochchor-Raum gegen den Umgang und den Kapellenkranz durch hohe Schranken abgeschlossen. Zum Teil erhielten diese die Bildnisse der Herzöge von Zähringen durch Franz Anton Xaver Hauser V. Das war die Zeit der beginnenden Neo-Gotik, die viele barocke Ausstattungsstücke und Altäre beseitigte. Mit der Verlegung des Bischofssitzes nach Freiburg begannen weitere Veränderungen, vor allem im Hochchor.

Ab 1830 wurden im neogotisch-romantischen Geist auch die Fialenaufsätze der Chorstrebepfeiler neu geschaffen, doch leider in einem wenig widerstandsfähigen Stein, der heute stark verwittert ist. Manche wurden auch beim Bombenangriff 1944 völlig zerstört. Man ist im Zweifel, ob man sie erneuern soll.

Die Luftschadstoffe zerstören in Verbindung mit dem sauren Regen die Steine des Münsters – und das in einem Tempo, das die Leute von der Münsterbauhütte kaum nachkommen lässt, die Schäden zu beheben. Neuer Opfersinn ist gefragt, um das »Gesamtkunstwerk« Münster für die kommenden Generationen zu erhalten.

Abb. 260: Säulendetail aus der Vorhalle: Eine antike Fruchtbarkeitsgöttin mit Füllhörnern und Früchten, zu ihren Füßen Jagdhorn und Totenschädel, zu ihrer Linken und Rechten Reiher. Wegen des Vorbildes solcher Dekoration in den Grotten von Neros »Goldenem Haus« nannte man sie »grot(t)esk«.

Das Schicksal des Münsters vom Dreißigjährigen Krieg bis heute

1632 Die Schweden erobern nach Belagerung die Stadt. Die Klöster vor der Stadt werden zerstört.

1633–1642 Die Stadt wechselt mehrfach den Besitzer.

1644 Kaiserliche Truppen unter Führung des Grafen Mercy mit seinen Bayern besetzen die Stadt. Gegen das französische Entsatzheer entbrennt eine der blutigsten Schlachten des Dreißigjährigen Krieges. Die Einwohnerschaft ist auf fast ein Drittel zusammengeschmolzen.

1677 Freiburg wird wieder von den Franzosen erobert und von Vauban zur modernsten Festung am Oberrhein ausgebaut.

1697 Im Frieden von Nimwegen wird Freiburg wieder an Habsburg zurückgegeben.

1713 Bei der Belagerung Freiburgs durch die Franzosen im Spanischen Erbfolgekrieg wird das Münster mehrfach von Kugeln getroffen.

1744 Wieder wird die Stadt im Österreichischen Erbfolgekrieg belagert und beschossen. Das Münster wird mehrfach getroffen, der Helm des südlichen Hahnenturms wird völlig zerstört. Bei der Sprengung der Festung auf dem Schlossberg entstehen weitere Schäden, vor allem an den Fenstern.

1795 Die barocken Altareinbauten von 1719 und aus den folgenden Jahren werden nach und nach wieder abgebaut (bis gegen 1860.) Neugotische Schranken schließen den Chor gegen den Umgang ab. Der Lettner wird abgebaut und später als Emporen in das Nord- und Südquerhaus versetzt.

1806 Freiburg wird badisch. In der Folge wird 1820 die Münsterfabrik aufgelöst. Die Baulast fällt an den badischen Staat, wird aber nur unvollkommen erfüllt. Erst die Gründung des Münsterbauvereins 1890 stellt die Pflege des Münsters wieder auf eine sichere Basis.

1827 Der Konstanzer Bischofssitz wird nach Freiburg verlegt. Das Münster wird Bischofskirche (Kathedrale).

1889 Eine Expertenkommission stellt die ernsthafte Gefährdung des Münsters fest.

1890 Gründung des Münsterbauvereins und erste Sanierungsmaßnahmen. Neubau der Münsterbauhütte; ab 1913 Sanierung des Hauptturmes (bis 1919).

1944 Am Abend des 27. November wird die Freiburger Altstadt fast völlig zerstört. Das Münster erleidet schwere Schäden durch Splitter, Luftdruck und Verrüttelung, bleibt aber im Wesentlichen unversehrt. In den folgenden Jahren und Jahrzehnten zunächst Wiederaufbau, später systematische Erneuerung und Beseitigung von Umweltschäden.

Glossar

Ablass
In der frühen Kirche Verkürzung der Ausschlusszeit für abgefallene und nun reumütige Christen; im Mittelalter Teil der kirchlichen Bußpraxis. Waren die Sünden selbst auch in der Beichte vergeben, blieben nach früherer Auffassung die Strafen für die Sünden noch im Fegefeuer abzuleisten; durch den A., einen Gnadenerweis, sollte diese Zeit verkürzt werden. Der kommerzielle Handel mit Ablässen wurde im 16. Jahrhundert zum Initialfunken für die Reformation.

Akanthus
Stachelbärenklau-Art; wegen ihrer Widerstandsfähigkeit seit der Antike Symbol der Ewigkeit. Das dekorative Blatt ist Schmuckelement an Kapitellen, Friesen und Gesims-Konsolen.

Angelusglocke
Seit Bernhard v. Clairvaux wird dreimal am Tag der Gruß des Engels (lat. angelus) an Maria (Lk 1,26ff) gebetet; um 6.00 Uhr, 12.00 Uhr und 18.00 läutet die A. zum Gebet und teilt dadurch zugleich den Tag ein.

Apsis
Halbrunde oder vieleckige Ausbuchtung der Kirche (in der Regel nach Osten); Standort für den Altar, den Tabernakel und den Bischofs- oder Priestersitz.

Archivolte
(Von lat. volvere = wälzen); der Wulst an einem Bogen (lat. arcus).

Arkaden
Bogenreihe.

Aschenbrenner
Leute, die aus Buchenholz die Pottasche (als Soda-Ersatz) herstellten.

Aspergill
Weihwasserwedel, mit dem in bestimmten Gottesdiensten die Gläubigen besprengt werden (ein Ritus zur Tauferinnerung).

Asyl
Heiliger, unter göttlichem Schutz stehender Ort, der Schutz vor Verfolgung bietet; die abendländische Geschichte kennt bis in unsere Tage das Kirchenasyl.

Aufreißen
Mit einem spitzen Gegenstand werden Zeichnungen für Werkstücke/Werkpläne in Stein oder Holz geritzt (vgl. unsere Wörter Reißbrett, Reißschiene, Reißzeug, Reißnagel).

Augustiner-Eremiten
Bettelorden nach der Regel des Kirchenvaters Augustinus (354–430), der sich der Seelsorge und der Wissenschaft widmet.

Bächle
Verkleinerungsform von Bach; bezeichnet die für alemannische Städte typischen Kleinkanäle.

Baldachin
Stoffüberdachung eines Thrones; auch: Überdachung einer Nische, in der eine Plastik steht; siehe Tabernakel.

Baldung Grien
Hans Baldung (1484/85–1545), aus einer Straßburger Gelehrtenfamilie stammender Maler und Holzschneider; Schüler Dürers; erhielt wohl in dessen Atelier als Jüngster den Beinamen »Grien«; schuf 1512–16 den Hochaltar für das Freiburger Münster.

Basilika
Durch mehrere Säulenreihen – »Schiffe« – gegliederter Raum, dessen innerstes »Schiff« erhöht ist und durch Obergadenfenster sein Licht erhält. Antike Mehrzweckhalle für Veranstaltungen im Namen des Königs (griech.: basileus) für Kundgebungen, Gerichtsverhandlungen und andere öffentliche Versammlungen. In der Apsis war der Sitz des Königs/Kaisers oder seines Legaten (Gesandten), oder es wurde dort auch nur sein Bild aufgestellt. Im Christentum mit Querhaus zur Kreuzform erweitert; in der Apsis Sitz des Bischofs und Ort des Altares.

Bauhütte
Schutzhütte für die Steinmetze und Arbeiter auf der Baustelle. Im übertragenen Sinne Bezeichnung für die Gemeinschaft der Steinmetze und ihre Organisation.

Bernhard von Clairvaux
Mönch aus burgundischem Rittergeschlecht (um 1090–1153). Abt und Gründer mehrerer Klöster des Zisterzienserordens; Politiker, rief zum II. Kreuzzug auf. Seiner zahlreichen Schriften und Predigten wegen zum Kirchenlehrer erhoben.

Bertold V.
Zähringer Herzog, regierte 1186–1218. »Rektor von Burgund«, Gegenspieler der Staufer, kandidierte als deutscher König, verzichtete aber zu Gunsten Philipps von Schwaben. Er ist der Gründer des Neubaus des Freiburger Münsters. Ohne männlichen Erben, wurde er als einziger Zähringer im Münster beigesetzt.

Biforium (Mz. Biforien)
Doppelbogen, der von einem größeren Bogen überspannt wird.

Bilderstürmer
Gegner der Verehrung von Heiligen in bildlicher Darstellung, die zum Mittel der Zerstörung von Gemälden und Figuren griffen (z.B. »Ikonoklasten« in Byzanz im 8. Jahrhundert, Calvinisten und Zwinglianer ab 1528).

Blendarkade
Bogenreihe ohne statische Funktion, vor einer Wand nur zur Dekoration angebracht.

Blendgalerie
Scheingalerie, nur zum Schmuck und nicht begehbar.

Bogenfries
Fries mit kleinen Rundbogen, auch »lombardischer Fries« genannt; eines der Haupt-Stilmerkmale der Romanik.

Bogenwülste
Siehe Archivolten.

Bohnerz
Brauneisenstein, Eisenerz in Bohnenform.

Böttcher
Hersteller von Bottichen, Küfer (Fassbinder).

Bundschuh
Geschnürter Bauernschuh; Name und Zeichen einer Vereinigung aufständischer Bauern im Süddeutschen Bauernkrieg (1514 bis gegen 1528).

Chor
1) Ursprünglich: abgegrenzter Raum um den Altar (für Kleriker und Sänger); 2) später auch: die Gruppe der Sänger.

Chorumgang
Umgang um den Altarraum, meist in Stifts- und Klosterkirchen, für Prozessionen in der Kirche.

Chrisam
Mischung aus Olivenöl und Balsam; aus jüdischer Tradition ins Abendland übernommen; wird zur Salbung bei Taufe, Firmung, Priesterweihe und Krankensalbung, aber auch bei der Altar- und Glockenweihe verwendet.

Christophorus
Viel verehrter Heiliger; erlitt den Martertod unter Kaiser Decius (250 n. Chr.). Der Legende nach groß und stark, trug er das Jesuskind über einen Fluss (der Name bedeutet »Christusträger«). Schutzpatron der Reisenden, Schiffer, Fuhrleute und heute der Autofahrer. Er gilt als einer der »Vierzehn Nothelfer« und hilft vor allem gegen Pest und plötzlichen Tod.

Cluny
Ehemals Benediktinerabtei im Departement Saône-et-Loire, gegründet 910. Mittelpunkt einer Europa umfassenden Klosterreform, die die Kirche auch als geistige/geistliche Macht begründete. In der Architektur sind die drei cluniazensischen Kirchentypen stil- und formbildend geworden (größte Blüte im 11. bis 13. Jahrhundert). In Deutschland ist mit der Hirsauer Reform auch ein eigener Kirchentyp verbunden.

Dienst
Mauervorsprung mit dekorativer und statischer Funktion. Eckig oder rund, hat er eine Gewölberippe zu tragen.

Diözese
In spätrömischer Kaiserzeit ein Verwaltungsgebiet. In der Kirche: Zuständigkeitsbereich eines Bischofs (Bistum).

Dominikaner
Predigerorden (O.P. = Ordo Praedicatorum); im Volksmund nach seinem Gründer, dem hl. Dominikus (1170–1221), benannt.

Domkapitel
Berater des Bischofs und Leiter in der bischöflichen Verwaltung. Die Kapitulare wählen in Abstimmung mit dem Papst den Bischof. Im Früh-Mittelalter lebten sie z.T. gemeinschaftlich, später in eigenen Häusern, z.B. in Freiburg in der Pfaffengasse/Herrenstraße (Pfaffe = höherer Geistlicher) zunächst das Basler, seit 1827 das Freiburger Domkapitel.

Dreifaltigkeit
Bezeichnung für das Grundgeheimnis des Christentums von dem einen Gott in drei Personen (Vater, Sohn und Heiliger Geist).

Dreipass
Drei gleich große Kreise, deren Mittelpunkte ein (gleichseitiges) Dreieck bilden.

Dreisam
Flüsschen, das die Bäche des mittleren Schwarzwaldes an Freiburg vorbei nach Westen in den Rhein leitet.

Ecclesia
Von griech. ekklesía = Volksversammlung; zunächst Bezeichnung für das Gottesvolk und dann auch für den Raum ihrer Gottesdienstfeiern, die Kirche.

Egino I.
Sohn der Schwester Bertolds V. von Zähringen; Erbe des Gebietes von Freiburg und Teilen des Breisgaus, regierte 1219–36; nannte sich Graf von Freiburg.

Eierstab
Schmuckelement der griechischen Bauplastik in Eiform, Symbol der Fruchtbarkeit.

Elle
Unterarmknochen; nach Ländern verschiedene Maßeinheit. Die Münster-E. misst 20 Zoll (= 54 cm).

Empore
Erhobener Raumteil, meist als Obergeschoss; bei der romanischen Basilika: Raum über den Seitenschiffen oder Portalen; hatte vor der Entwicklung der Strebebogen meist auch eine statische Funktion zur seitlichen Abstützung der Hochschiffwände.

Epiphanie
Griech.: »Erscheinung des Herrn« (vor den drei Weisen aus dem Morgenland); Fest der Heiligen Drei Könige (6. Januar).

Eucharistie
Griech.: »Danksagung«; die katholische Messfeier.

Ewiges Licht
Stets brennende Lampe, die die Gegenwart Christi unter der Gestalt des verwandelten Brotes (im Tabernakel) anzeigt.

Fähnlein
1) Feldzeichen; 2) Fußvolkeinheit zwischen 300 und 1000 Mann unter einem Hauptmann.

Fastenzeit
Vierzigtägige kirchliche Bußzeit vor Ostern.

Fehde
Offene Feindschaft zur Erlangung eines Rechtes in Selbsthilfe, bis ins 16. Jahrhundert hinein geübt.

Fiale
Türmchenartiger Aufsatz auf Pfeilern, meist mit Krabben und Kreuzblume verziert; hat statische Funktion.

Fischblasenmuster
Aus Kreisbogen entwickeltes Maßwerk in Form einer Fischblase.

Flamboyant-Bogen
Meist Kielbogen (oder, wenn flacher, auch Eselsrücken genannt); spätgotische Spitzbogen-Form mit zurückschwingender Spitze, die sie wie eine Flamme (frz.: flamboyant) oder wie ein kieloben liegendes Boot aussehen lässt.

Flügelaltar
Altaraufsatz mit beweglichen Flügeln, auch Wandelaltar genannt. Die Bild-Darstellungen (Malereien oder Reliefs) mit ihren Themen können je nach Lauf des Kirchenjahres geöffnet oder geschlossen werden.

Franziskaner
Bettelorden nach der Regel des hl. Franziskus von Assisi (1182–1226) mit besonderem Armutsgelübde, auch Barfüßer oder Minderbrüder genannt (Abk.: OFM = Ordo fratrum minorum).

Freie Künste
In der Antike: die einem Freien ziemenden Kenntnisse; im Mittelalter: sieben Künste/Wissenschaften: das Trivium (der Dreiweg, d.h. die untere Bildungsstufe mit Grammatik, Rhetorik, Dialektik) und das Quadrivium (der Vierweg, d.h. die obere Bildungsstufe mit

Arithmetik, Geometrie, Musik und Astronomie).

Fries
Vorspringendes, waagrechtes Architekturteil, Gesims; ornamental oder figürlich gestaltet.

Frondienst
Dienst für den (Grund-)Herrn.

Fronleichnam
Wörtlich: »Leib des Herrn«; durch Prozession öffentlich begangenes Fest zur Verehrung der Gegenwart Christi in der eucharistischen Hostie.

Gerichtslaube
Allseits zugängliches Gebäude in Freiburg an der »Großen Gass« zwischen Martinstor und Fischbrunnen (heute Bertoldsbrunnen), von dem Gerichtsurteile verkündet wurden; heute der Name für das älteste Rathaus der Stadt.

Gesims
Vorspringendes waagrechtes Architekturteil, meist unter Fenstern.

Gespärre
Dachstuhl-Einheit aus Sparren (den schräg aufgestellten Trägern der Dachlatten).

Gesprenge
In der Spätgotik: aufgelöster Altaraufbau mit geschnitzten (oder in Stein gehauenen) Fialen über Spitzbogen und Tabernakeln, oft mit Figuren darin.

Glockenstube
Der nach außen z.T. abgeschlossene Raum, in dem die Glocken hängen; hat die Aufgabe, das Geläut als Gesamt-Klangkörper erklingen zu lassen.

Gotik
Stilbegriff für mittelalterliche Kunst und Architektur, ursprünglich als Schimpfwort zur Abgrenzung einer barbarischen Kunst gegen die »edlere« Kunst der Renaissance, die als Wiedergeburt der klassischen Antike verstanden wurde. Wichtigste gotische Architekturformen sind Spitzbogen und Skelettbau. Darin drückte sich eine Geisteshaltung aus: Durch Erhebung der Sinne weg von der »Welt« sollten die Bauformen den Geist zu Gott (»nach oben«) erheben (was freilich bisweilen mit Weltflucht verbunden sein konnte).

Gregorianischer Choral
Frühchristlicher Kirchengesang, wohl auf jüdischer Psalmengesangs-Tradition basierend, schon im 4. Jahrhundert ausgeformt, soll von Papst Gregor dem Großen (590–604) gesammelt worden sein; bis heute Teil von Gottesdiensten der Kirche.

Groteske
Ranken und Fabelwesen, die als dekorative Elemente in den »Grotten«, den unterirdischen Räumen der Domus Aurea, des »Goldenen Hauses« des Kaisers Nero, um 1500 entdeckt und vor allem von Raffael und seinen Schülern verbreitet wurden.

Gurtbogen
Kürzeste (Gewölbe-)Verbindung von Pfeiler zu Pfeiler.

Hahnentürme
Die romanischen Chorflankierungstürme des Münsters, die um 1345/50 aufgestockt und mit Wetter-Hähnen versehen wurden.

Heerfolge
Die Verpflichtung, im Kriegsfalle seinem Herrn Folge zu leisten.

Helm
In der Architektur: Bekrönung eines Turmes.

Hohlkehle
Ausgehöhltes Gesims oder Leiste.

Holm
Querverbindung zur Stabilisierung von Konstruktionen; am Münsterturm: senkrechter und waagrechter Träger der Maßwerke.

Hostie
Die Oblate, die in der Eucharistiefeier zum Leib Christi wird.

Joch
Querstange an der Wagendeichsel, an die die Zugtiere gebunden werden; in der Architektur: Querverbindungs-Gewölbe zwischen zwei Pfeilern, aber auch Bezeichnung des Raumes zwischen vier Pfeilern (Raum-Teiler).

Jüngstes Gericht
Göttliches Gericht am Weltenende, das man sich bis weit in die Neuzeit hinein so vorstellte, dass alle Menschen in einem großen Prozess durch Christus gerichtet würden. Heute sieht die Theologie den Ort des Gerichts eher im Moment des je eigenen Todes.

Kämpferstein
Oberster Stein am Ansatz eines Gewölbes.

Kapitell
Kopf einer Säule (von lat. capitulum = Köpfchen).

Karfreitag
Todestag Christi, wörtlich: großer Freitag (vor Ostern); von mhd. kara = groß.

Kathedrale
Kirche eines Bischofs (von griech.: kathedra = Lehr-Sitz, Bischofsthron).

Kielbogen
siehe Flamboyant-Bogen.

Klafter
Bis ins 19. Jahrhundert gebräuchliches Maß von 7 Fuß (= 226,8 cm); ist am südwestlichen Turmpfeiler unter anderen Maßen mit Eisenstiften eingelassen. Das Quadrat eines der romanischen Vierungspfeiler misst in der Diagonale ein Klafter.

Klarissen
Dem Franziskanerorden nahestehender kontemplativer und klausurierter Frauenorden. Der Name geht auf die heilige Clara von Assisi zurück.

Kleriker
Männer, die durch besondere Weihen Anteil am Amt in der Kirche haben (von griech. klerós = Los, Anteil). Der Status ist verbunden mit Standes-Pflichten und -Rechten, z.B. täglichem Breviergebet, Zölibat, Gehorsam gegen den Bischof. Lange trugen Kleriker zum Zeichen der aufgegebenen Freiheit die »Tonsur«, d.h. beschnittene Haare.

Klopfsäge
Wasserbetriebene Säge, benannt nach dem Klopfgeräusch des niederfallenden Sägegatters.

Köhler
Holzkohle-Brenner.

Konradinisches Münster
Erste Freiburger Pfarrkirche, gebaut unter Herzog Konrad (1122–1152).

Konsole
An einer Wand oder einer Säule vorkragender Stein (oder Holz), der eine Figur oder auch eine Halbsäule trägt (Dienst).

Korinthische Ordnung
Antike Ordnung von Säule und Gebälk in der griechischen Baukunst (welche die dorische, ionische und korinthische Ordnung kennt), von den Römern übernommen und von Renaissance und Klassizismus wieder aufgenommen.

Krabbe
Stilisierte Blattknospe; Schmuckelement der Gotik an Fialen und Wimpergen.

Kralle
Greifwerkzeug zum Hochziehen von Werkstücken, in deren Oberseite ein konisches Loch geschlagen wird. Ein Keil spreizt die Krallenteile beim Hochheben auseinander; so kann das Werkstück angehoben werden; wird ab dem 13. Jahrhundert durch die Greifzange abgelöst.

Kreuzblume
In Kreuzform angeordnete stilisierte Blätter zum krönenden Abschluss von Fialen, Wimpergen und (entsprechend groß) von Türmen; Zeichen der Erlösung.

Kreuzrippengewölbe
Kreuzförmig angeordnete Rippen eines Gewölbes, dessen Hauptbelastungszonen mit zusätzlichen Rippen verstärkt sind.

Kröselzange
Zange, mit der Glas in die gewünschte Form »gekröselt« wird (durch Abbröseln, Abknabbern).

Kuppel
Halbkugelförmige Einwölbung eines Raumes.

Kurvatur
Krümmung nach bestimmten Gesetzen.

Langhaus
Der Längsteil einer Basilika.

Laubwerk
Sammelbegriff für die vielerlei Blattornamente an Gesimsen und Kapitellen und die Krabben.

Legenda aurea
»Goldene Legende«; Heiligenlegenden-Sammlung des Jacopo de Voragine, zwischen 1263 und 1288 zusammengestellt. Hauptquelle des ausgehenden Mittelalters für Heiligen-Biographien und Wundererzählungen.

Lehen
1) Gebiet, vom Herrscher an einen treuen Gefolgsmann (Vasallen) verliehen, mit der Zeit

immer häufiger auch vererbbar. Reichslehen wurden vom Kaiser vergeben. 2) Name eines Freiburger Stadtteils.

Lehre
Anordnung oder Gerät, nach dem man sich richten soll oder mit dem man messen kann; z.B. gibt es Lehrgerüste für Gewölbe und Lehren für Profile an Gewölberippen oder Maßwerken (heute z.B. die Schublehre).

Leibeigenschaft
Im Mittelalter weitestgehende persönliche Abhängigkeit vom Grundherrn; ein harter Eingriff in die menschliche Freiheit.

Lettner
Von lat. lectionarium; Trennmauer zwischen lateinisch sprechendem Klerus und den Laien, genutzt für die Lesung (lectio) und das Evangelium. Vor dem Lettner stand meist der Volksaltar mit einer Kreuzigungsgruppe.

Liturgie
Ordnung und Feier des Gottesdienstes (griech.: leitourgia = Richtschnur).

Loggia
Vorbau vor Kirchenportalen oder repräsentativen Bauten mit Bogen über schlanken Säulen.

Lombardischer Fries
Fries mit kleinen Rundbogen.

Mariä Verkündigung
Der Erzengel Gabriel verkündet Maria, dass sie Mutter Jesu werden soll (Lk 1,26ff); Fest am 25. März, d.h. neun Monate vor Weihnachten.

Marienkrönung
Nach der leiblichen Aufnahme Mariens in den Himmel erfolgt ihre Krönung, dargestellt meist zwischen Gottvater und dem Sohn (zugehöriges Fest Mariä Himmelfahrt am 15. August). Auf frühkirchliche Tradition zurückgehend, wurde die Lehre von der leiblichen Aufnahme 1950 zum Glaubenssatz (Dogma) erklärt. Darin drückt sich aus, dass nicht nur die Seele, sondern der ganze Mensch, gerade in seiner Leiblichkeit (d.h. Geschichte und Identität), bei Gott Leben und bleibenden Wert behält.

Mark
1) Grenze, Grenzmarke. 2) Besonders zu schützendes neues Gebiet (vgl. Namen wie Steiermark, Uckermark). 3) Markierung an der Waage, Gewichtseinheit z.B. für Silber (zwischen 196 und 280 Gramm). 1 Mark des Jahres 1368 entspricht DM 30,58 nach dem Silberpreis von 1999.

Maßwerk
Unterteilung von Öffnungen (Fenstern). Die Formen entstehen aus dem Spiel mit dem Zirkel und sind Symbol der geordneten Schöpfung.

Mesner
Helfer in Kirche und Sakristei z.B. zur Vorbereitung des Gottesdienstes (Sakristan, Küster).

Ministrant
Messdiener (von lat. ministrare = dienen).

Mitra
Faltbare Bischofsmütze; geht auf die Mithras-Priestermütze in der Antike zurück (der Mithraskult war ein persischer Sonnenkult).

Model
Hohlform, in der man Teig, Ton oder Stuck durch Eindrücken formen kann.

Mörser
Metallene Gefäße, in denen Gewürze oder Mineralien zu Pulver zerstoßen werden können. Wegen der Ähnlichkeit mit diesen Töpfen nannte man die ersten Geschütze so (heute noch gebräuchlich für Steilfeuergeschütze).

Münster
Von lat. monasterium = Kloster; ursprünglich Kirche mit Mönchen oder mönchsähnlich lebenden Priestergemeinschaften; in Süddeutschland – nicht immer konsequent angewandter – Begriff für Stiftskirchen, meist im Unterschied zu Dom- und Bischofskirchen (siehe auch Kathedrale).

Münsterbauhütte
Schutzhütte für die Steinmetze an der Baustelle. Auch Bezeichnung für die Gemeinschaft der am Münsterbau tätigen Bauleute und Steinmetze und ihre Organisation.

Münsterfabrik
(Lat. fabrica = Werk, Mauerwerk); die für den Münsterbau und seine Finanzierung verantwortlich zeichnende Körperschaft.

Münsterpfleger
Der oder die (zu manchen Zeiten drei) aus den Reihen des Stadtrats bestimmte(n) Verantwortliche(n) für die Münsterfabrik.

Münsterschaffner
Der für den Bau Verantwortliche – meist ein Kleriker –, Verbindungsglied zwischen Stadtrat und Bauhütte; auch für formale, liturgische und ikonographisch-theologische Fragen zuständig.

Mystik
Von griech. mýein = »Augen und Mund schließen«; Frömmigkeitsrichtung, die es in der einen oder anderen Form wohl in allen Religionen gibt und die in Betrachtung und Versenkung danach strebt, dem göttlichen Geheimnis mit einer gewissen Unmittelbarkeit schon im Diesseits zu begegnen.

Obergaden (Lichtgaden)
In einer Basilika der über die niedrigeren Seitenschiffe herausragende Teil des Mittelschiffes mit den Obergadenfenstern.

Offenbarung des Johannes
Auch »Geheime Offenbarung« oder »Apokalypse«. Letzte Schrift des kanonischen Neuen Testaments mit endzeitlicher Schau und Bußmahnungen.

Oktogonfenster
Fenster im achteckigen Gebäudeteil des Münsters.

Orgelpositiv
Ursprünglich nicht tragbare Kleinorgel; Teil der Orgel mit einem oder mehreren Registern.

Ostern
Jüdisches Fest zum Gedenken an die Befreiung aus der Knechtschaft in Ägypten (Pascha); christliches Fest der Auferstehung Jesu als Befreiung aus der Knechtschaft von Sünde und Tod; höchstes Fest des katholischen Kirchenjahres.

Paramente
Kirchliche, für den Gottesdienst benötigte Gewänder, meist reich bestickt.

Parler
Baumeisterfamilie des 14. Jahrhunderts aus Schwäbisch Gmünd.

Patronat
Unterstellung unter den besonderen Schutz einer oder eines Heiligen.

Patrozinium
Fest des heiligen Schutzpatrons.

Pfründe
Ausstattung eines geistlichen Amtes mit Einkünften.

Plinthe
Vierkantsockel.

Plottsäge
Klopfsäge (siehe dort); der Name geht auf einen anderen Ausdruck für das Fallgeräusch (»plotzen« lassen) zurück.

Polier
Der Wortführer der Bauhütte (von frz. parler = sprechen), der Vorarbeiter. Daraus ist der Name »Parler« entstanden.

Portativ
Tragbare Kleinorgel.

Pottasche
Kaliumcarbonat (K_2CO_3); wird aus Buchenholzasche gewonnen; als Flussmittel nötig zur Herstellung von Glas und Keramikglasur, auch von Seife.

Predella
Unteres Querstück eines Flügelaltares.

Putten
(Ital. = Kinder) Oft als Engel gestaltet, in der Renaissance nach dem Vorbild der antiken Eroten (Begleitern der Venus, auch Amoretten gen.). Sie sind »ein himmlischer Kindergarten«, wobei im Barock die Grenze zu den Engeln mehr und mehr verwischt wird.

Pyxis
Kleines, kostbar gestaltetes Gefäß mit Deckel (Büchse), im Mittelalter zur Aufbewahrung der Hostien benutzt.

Querhaus
Der Querflügel einer Basilika, formt deren Grundriss mit dem Langhaus zum Kreuz.

Radfenster
Fenster in Radform, symbolisiert die Sonne (d.h. Christus).

Radleier (Drehleier)
Musikinstrument, dessen Saiten mit einem Rad statt mit einem Bogen zum Klingen gebracht werden. Das Rad wird mit einer Kurbel gedreht.

Rappen
Kleine Freiburger Silbermünze mit Adlerkopf, der – weil schlecht gestaltet – als Rabenkopf gedeutet wurde. Sein Geltungsbereich: der »Rappen-

münzbund« (Oberrhein und Nordschweiz), dem Freiburg 1404 beitrat.

Reichsacht
Acht (Ächtung) ist im Mittelalter die Preisgabe der Bürger- und Menschenrechte eines »Vogelfreien«, verbunden mit dem Einzug des Vermögens. Die Acht gilt meist nur für ein begrenztes Gebiet. Die R. gilt für das ganze Reich und wird vom König bzw. Kaiser verhängt.

Reichsstadt
Stadt, die reichsunmittelbar ist, d.h. ohne Landesherrn direkt und nur dem Kaiser untersteht.

Reichstag
Im Mittelalter Versammlung der geistlichen und weltlichen Fürsten des Reiches unter Vorsitz des Kaisers.

Relief
Plastisches Bild mit erhöhten (Hochrelief) oder vertieften Formen (Bas-Relief).

Reliquien
Von lat. relinquere = zurücklassen, also wörtlich »etwas übrig Gebliebenes«; Andachtsgegenstände, die mit dem Leben von Heiligen oder dem irdischen Leben Christi in Verbindung stehen oder gebracht werden.

Reliquienmonstranz
Von lat. monstrare = zeigen; festlicher Schmuckständer, in dem Reliquien ausgestellt werden können.

Renaissance
Um 1820 in Frankreich und Deutschland aufgetauchter, ins italienische »Rinascimento« (= Wiedergeburt) rückübersetzter Begriff für die Erneuerung der Kunst in antiken Formen und Wertmaßstäben. Gemeint ist die in Italien um 1420 einsetzende Rückbesinnung auf die klassische Antike. Seit Vasari, einem Kunsttheoretiker und Schüler Michelangelos, erfolgte eine Loslösung von der Bevormundung durch die französische und deutsche »Gotik« (ein zunächst abschätziger Begriff, den Vasari prägte). Die R. wurde auch politisch verstanden als Forderung nach einer Stärkung der kulturellen Identität der italienischen Nation.

Riss
»Aufgerissene« Zeichnung eines (Bau-)Planes (Grundriss).

Romanik
An römischen Bauformen und -techniken orientierter Stil (um 900 bis gegen 1220).

Rosenhag
Stützgitter für die rankende Rose (Hag = Zaun).

Rundbogen
Halbkreisförmiger Gewölbebogen (ohne Knick).

Sakristei
Aufbewahrungsort für die liturgischen Gefäße und Gewänder (Paramente); Raum, in dem die Kleriker die gottesdienstlichen Gewänder anlegen.

Schächerkreuze
Die Kreuze der beiden Verurteilten, die mit Jesus gekreuzigt wurden.

Schamotte
Gebrannter, feuerfester Ton. Sch.-Mörtel ist eine Mischung aus gebranntem und gemahlenem Ton mit Kalk (heute gebranntem Kaolin) und Bruchsand, mit Ton und Wasser angeteigt; dient zur Ausmauerung von Öfen.

Schauinsland
1284 m hoher Berg bei Freiburg mit weiter Sicht ins Land. Der frühere Name »Erzkasten« weist auf den Reichtum an Silber- und Bleierz hin.

Schiff
Bezeichnung der Raumteile der durch Säulen oder Pfeiler unterteilten Basilika. Bei gewölbten Hallen besteht in der Tat eine gewisse Ähnlichkeit mit einem umgedrehten Boot.

Schildbogen
Bogen, der entlang der Außenwand verläuft; die begleitende Rippe heißt Schildrippe (siehe Kreuzrippengewölbe).

Schindeln
Dünne, gespaltene Tannen- oder Föhrenbrettchen zum Dachdecken.

Schlossberg
Der Berg über der Stadt Freiburg; er trug ab dem 11. Jahrhundert die Eigenburg der Zähringer Grafen bzw. Herzöge. Die 1219 auf die Erben, die Grafen von Freiburg, übergegangene und mehrfach verstärkte Burg wurde von den aufgebrachten Freiburger Bürgern 1366 zerstört. Später wieder aufgebaut, wurde das »Leopoldsschloss« Kern der österreichischen Bergbefesti-

gung. Vom französischen Festungsbaumeister Vauban wurde ab 1680 der ganze Berg befestigt. Mehrfach erobert und zurückerobert, schleiften die Franzosen die Festung 1744/45. Heute sind nur noch spärliche Reste erhalten.

Schola
Lat.: Schule, die auch die Sänger stellte; heute: Gruppe, die kirchliche Gesänge im Gottesdienst vorträgt, meist Gregorianischen Choral.

Schöpfungsportal
Portal mit Darstellung der Schöpfungsgeschichte in Tympanon, Gewände und Bogen.

Schultheiß
Oberhaupt des städtischen Gerichtes; erst ein vom Grafen eingesetzter Adliger, ab 1152 vom Stadtrat gewählt, in der neuen Verfassung von 1275 endgültig (bis 1803) vom Rat bestimmter Adliger.

Schutzmantel-Madonna
Mariendarstellung, in der Maria die Menschen schützend unter ihrem Mantel birgt. Die Umhüllung mit dem Mantel ist eine alte germanische Rechtsgeste und steht für die verbindliche Adoption eines Menschen.

Schwabentor
Das »Obere Tor« führt zur Dreisam-Furt bzw. -Brücke ins Dreisamtal und weiter Richtung Osten, d.h. nach Schwaben; wird seit dem 14. Jahrhundert »Schwobstor« genannt.

Schwalbennest
Schwalben kleben ihr Nest an die Wand; bildhaft auf die Orgel übertragen, die in ähnlicher Weise an der Langhauswand des Münsters angebracht ist.

Schwarzpulver
Aus Holzkohle, Schwefel und Salpeter gemischtes Schießpulver, vom Freiburger Mönch Bertold Schwarz um 1350 erfunden. Wurde es nach seinem Erfinder oder nach seiner Farbe benannt (oder der legendäre Mönch nach dem schwarzen Pulver)?

Schweizer
Hier svw.: Männer, die gegen Sold als Soldaten in fremde Dienste treten; von ihnen leitet sich wohl der Name Münster- bzw. Kirchenschweizer (als Aufseher in der Kirche) ab.

Seitenschiff
Kirchenschiff, rechts und/oder links parallel an das Hauptschiff angebaut.

Sempach
Ort nördlich Luzerns am gleichnamigen See; Schauplatz einer Schlacht, in der die Eidgenossen das zu einer Strafaktion anrückende habsburgische Ritterheer vernichteten (1386). Unter den Opfern war auch der zur Heerfolge verpflichtete sundgauische und schwäbische Adel und ein Freiburger Fähnlein unter dem Ritter Martin Malterer.

Sester
Hohlmaß, vornehmlich zum Messen von Getreide.

Skelettbauweise
Säulen und Gewölberippen tragen die Hauptlast des Gebäudes; die Wände sind entlastet und können deshalb großteils oder ganz aus Glas sein (in der entwickelten Gotik und im modernen Stahl-Beton-Bau).

Sparren
Schräg aufgestellte Holzbalken, deren Winkel die Dachschräge bestimmt, als Träger der Dachkonstruktion.

Spitalfonds
Kapital- oder Sachstiftung zum Unterhalt eines Spitals.

Spitzbogen
Gemauerter Bogen aus zwei Kreissegmenten mit einer Spitze oben in der Mitte.

Stadtpatron
Heiliger Schutzpatron einer Stadt (in Freiburg der hl. Georg, zu sehen an der Außenseite des Schwabentors; das rote Kreuz auf weißem Grund, das er im Schild führt, findet sich im Freiburger Stadtwappen wieder).

Sterngalerie
Galerie am Freiburger Münsterturm beim Übergang vom Quadrat über den zwölfteiligen Stern zum Achteck.

Stichkappe
Gewölbter Zwickel, der quer in die Fläche des Hauptgewölbes einschneidet und dadurch im Gewölberund ebene Fenster und Türen ermöglicht.

Strebebogen
Bogen, die den Seitenschub der Hochschiff-Gewölbe über die

Dächer der Seitenschiffe hinweg auf die außen stehenden Stützpfeiler übertragen. Fialen drücken den Restschub in die Senkrechte ab.

Sundgau
Der südliche Teil des Oberelsass (zwischen Mülhausen, Basel und Belfort).

Tabernakel
Von lat. tabernaculum = Zelt, Gehäuse; Ort der Aufbewahrung der bei der Messe nicht ausgeteilten konsekrierten Hostien.

Triforium (Mz.: Triforien)
Drei Bogen auf Säulen, die von einem größeren Bogen überspannt werden.

Triforiengalerie
Drei und mehr Bogen auf kleinen Säulen, in einer Reihe und begehbar (aus der Wand ausgesparter Laufgang, zum Mittelschiff hin offen). Im Gegensatz dazu ist die Blendgalerie nicht begehbar.

Triptychon
Dreiflügeliger Altar, dreiteiliges Bild.

Trompe
Gewölbebogen über Eck; im Freiburger Münster wird damit die quadratische Vierung in das achtseitige Oberteil und zur Kuppel übergeleitet.

Tumba
Grabaufbau.

Tympanon
Bogenfeld über einem Portal, meist figürlich geschmückt.

Vierung
Quadratischer (oder achteckiger) Raum am Schnittpunkt von Längs- und Querschiff.

Voluten
Schneckenförmig eingerollte Ecken eines Kapitells (von lat. volvere = drehen, wälzen).

Walmdach
Über den Giebelseiten abgeschrägtes Dach.

Wasserspeier
Ausflüsse der Dachentwässerung, meist als Figuren gestaltet.

Weihbischof
Hilfsbischof zur Unterstützung eines regierenden Bischofs; Bischof mit voller Weihe, aber ohne eigene Diözese.

Weihwasser
Geweihtes Wasser zur Segnung von Menschen, aber auch vielfältiger Orte und Gegenstände, z.B. Haus, Grab, Altar, Glocken; das Besprengen der Gläubigen mit Weihwasser im Bußakt von feierlichen Gottesdiensten geht auf jüdische rituelle Waschungen zurück; im Christentum Symbol zur Tauferinnerung.

Welsch
Von mhd. walhisk = romanisch; früher oft abschätzig allgemein für »fremdländisch« gebraucht.

Wimperg
Ziergiebel über Fenstern, Türen oder Tabernakeln.

Wolf
Hebewerkzeug für schwere Werkstücke (siehe Kralle).

Würfelgesims
Ziergesims mit Würfeldekor.

Zähringer
Grafen im Breisgau, mit dem Reichslehen der Zähringer Burg belehnt. Geschlecht, das sich später nach dieser Burg benannte und den Titel eines Herzogs erhielt; Gründer und zeitweise Herren der Stadt Freiburg.

Zange
Hebewerkzeug, das in seitlich in das Werkstück geschlagene Vertiefungen griff.

Zunft
Organisierter Zusammenschluss von Handwerkern derselben Branche, Gilde (zur Stadtverteidigung und zur Durchsetzung von Berufsinteressen, zur sozialen Absicherung der Mitglieder und ihrer Familien und zur Wahrung »zünftiger« Qualitätsstandards).

Quellen und Literatur

📖 1 Ingeborg Krummer-Schroth: Kunst in Freiburg. Ein Münster- und Stadtführer, Verlag Rombach, Freiburg 1961 (dort weitere Literatur).

📖 2 Ernst Adam: Das Freiburger Münster, Verlag Müller und Schindler, Stuttgart 1968 (^{2}1973).

Heiko Haumann und Hans Schadek (Herausgeber): Geschichte der Stadt Freiburg, 3 Bände, Theiß-Verlag, Stuttgart 1994; daraus:

📖 3 Hans Schadek und Matthias Untermann: Freiburg unter den Herzögen von Zähringen, in: Bd. 1, S. 57 ff.

📖 4 Jan Gerchow und Hans Schadek: Die Stadt unter den Grafen von Freiburg, in: Bd. 1, S. 133 ff.

📖 5 Heiko Steuer und Alfons Zettler: Der Bergbau und seine Bedeutung für Freiburg, in: Bd. 1, S. 320 ff.

📖 6 Rüdiger Becksmann, Friedrich Kobler und Peter Kurmann: Das Freiburger Münster. Der Bau und seine Originalausstattung, in: Bd. 1, S. 343 ff.

📖 7 Horst Buszello, Dieter Mertens und Tom Scott: »Lutherey, Ketzerey, Uffrur«. Die Stadt zwischen Reformation, Bauernkrieg und katholischer Reform, in: Bd. 2, S. 13 ff.

📖 8 Konrad Kunze: Himmel in Stein, Verlag Herder, Freiburg ^{11}2000.

»Münsterblatt« des Freiburger Münsterbauvereins; daraus:

📖 9 Heike Köster M.A.: Die Renaissance-Vorhalle am Freiburger Münster, in: Heft 1/1994.

📖 10 Jürgen Vogeley: Zur Konstruktionsgeschichte des Langhausdachwerkes, in: Heft 2/1995.

📖 11a Leo Schmidt: Einige Bemerkungen zum Renaissance-Lettner des Freiburger Münsters, in: Heft 3/1996.

📖 11b Ralf Burgmaier: Der Freiburger Münsterplatz im Mittelalter. Ein archäologisches Mosaik (ebd.).

📖 12a Kurt Kramer: »Und rühren vieler Menschen Ohr« (über Glocken und Glockenstuhl), in: Heft 5/1998.

📖 12b Heike Mittmann: Die Kaiserkapellen im Chor des Freiburger Münsters (ebd.)

📖 13 Wolfgang Erdmann: Die Ergebnisse der Rettungsgrabung 1969 im Münster U. L. Frau zu Freiburg, in: Nachrichtenblatt der Denkmalpflege in Baden-Württemberg, Heft Januar-März 1970.

📖 14 Peter Kalchthaler: Kleine Geschichte der Stadt Freiburg, Verlag Rombach, Freiburg 1997.

📖 15 »Hans Baldung Grien«. Katalog der Ausstellung in der Staatlichen Kunsthalle Karlsruhe 1959.

📖 16 Pius Enderle: Der Hochaltar des Münsters in Freiburg, Verlag Schillinger, Freiburg 1986.

📖 17 Antonia Herter-Böhm: Zur Musikgeschichte der Stadt Freiburg im 15. Jahrhundert, Wagner'sche Universitätsbuchhandlung – Kommissionsverlag Karl Zimmer 1968.

📖 18 Joachim Radkau / Ingrid Schäfer: Holz. Ein Naturstoff in der Technikgeschichte, Rowohlt Verlag, Reinbek 1987.

📖 19 Günter Binding (Hrsg.): Der Mittelalterliche Baubetrieb Westeuropas. Katalog der zeitgenössischen Darstellungen, Edition Leipzig.

📖 20 Conrad Dietrich: Kirchenbau im Mittelalter. Bauplanung und Bauausführung, Edition Leipzig 1990.

Domsingschule im Palais (Festschrift, 1997); daraus:

📖 21a Raimund Hug: Musica Practica. Der Freiburger Domchor.

📖 21b Manfred Schuler: Von Gregorianischem Choral, Orgelmusik und Figuralgesang.

📖 22 Benedikt Schaufelberger: Reisen in Burgund, Kunstverlag Josef Fink, Lindenberg 1996.

📖 23 Hermann Brommer: Die Bildhauer Hauser in Kirchzarten, Schlettstadt und Freiburg i. Br. Sonderdruck aus Schau-ins-Land, Heft 89/1971.

Anmerkungen zu den Zeichnungen

Im Bemühen, das Baugeschehen möglichst authentisch darzustellen, habe ich vieles in der Münsterbauhütte und im dort angeschlossenen Museum gezeichnet. Kostüme und Baumaschinen sind mittelalterlichen Buchmalereien entnommen. Bei den Baumaschinen stütze ich mich auf die oben genannten Arbeiten von Günter Binding (📖19) und Conrad Dietrich (📖20).

Bei vielen Zeichnungen – vor allem im Chorbereich – stütze ich mich auf die Notgrabung von 1969 und ihre Dokumentation von Wolfgang Erdmann (📖 13), aber noch mehr auf die z.T. noch unveröffentlichten Berichte des Bauforschers Herrn Dipl. Ing. Karl Becker vom Landesdenkmalamt Freiburg, der mich bei der Arbeit liebevoll beraten hat und dem ich an dieser Stelle nochmals besonders danke!

Nicht alles ist also der Fantasie des Zeichners entsprungen. Außerdem habe ich mich seit meinem Studium der Kunstgeschichte intensiv mit dem Münster beschäftigt und immer Kontakt mit der Münsterbauhütte gehalten, vor allem wenn ich Schüler meines Gymnasiums und Gruppen der Erwachsenenbildung durch Münster und Bauhütte führte.

N.B.: Bei allen Abbildungen sind die Gerüste leichter gezeichnet, als sie in der Realität waren, um noch einen Durchblick zum Bau zu ermöglichen.

Abb. 1: Siehe Abb. 33.
Abb. 2–4: Die Zeichnungen sind »Reisen in Burgund« (📖22) entnommen.
Abb. 6 u. 8: Kostüme nach Buchmalereien.
Abb. 10–12: Gezeichnet nach Original-Werkzeug im Museum der Münsterbauhütte.
Abb. 13: Gezeichnet vor Ort im Steinbruch von Steinbach (bei Emmendingen).
Abb. 18: Die Situation ist heute in der Sakristei sichtbar.
Abb. 20 u. 22: Sogenanntes Konradinisches Münster und Bertoldinischer Chor: Rekonstruktion nach W. Erdmann (📖13).
Abb. 24–31: Zeichnungen entstanden vor Ort.
Abb. 33: Rekonstruktion nach Schuster (📖24), korrigiert nach neueren Erkenntnissen (Informationen von K. Becker).
Abb. 34: Entstanden im Museum der Münsterbauhütte.
Abb. 35: Chor der Kirche Pfaffenheim/Elsass: Zeichnung vor Ort.
Abb. 36–39, 43 u. 44: Gezeichnet vor Ort nach dem Baubefund.
Abb. 45–49: Gezeichnet vor Ort nach dem Baubefund. Rekonstruktion des Vierungsturmes nach K. Becker.
Abb. 50–81: Nach G. Binding (📖19) und vor Ort gezeichnet. Manches ist im Museum der Münsterbauhütte entstanden, weil die Abgüsse dort z.T. den Zustand um 1900 zeigen (damals noch besser erhalten).
Abb. 82–86: Nach Skizzen in der Karlsruher Glockengießerei Metz gezeichnet.
Abb. 88 u. 90: Hüttenmeisterporträts nach Konsolbüsten am Turm (im Museum der Münsterbauhütte).
Abb. 91: Glockenstuhl und Tretrad: vor Ort gezeichnet.
Abb. 92: Rekonstruierter Zustand um 1300. Nach neueren Erkenntnissen (Angaben K. Becker) gezeichnet; Dachstuhl: nach J. Vogeley (📖 10).
Abb. 94 u. 95: Schlacht bei Lehen; die Herzöge sind nach den Reitersiegeln bei J. Gerchow / H. Schadeck (📖4, S. 163) gestaltet.
Abb. 98 u. 99: »Die Bitt« steht im Augustinermuseum in Freiburg; die Steinmetzzeichen: nach Sepp Jakobs Sammlung im Museum der Münsterbauhütte.
Abb. 101: Nach der Vorlage »Im Schwobsbad«, in: 500 Jahre Schwabsbad in Freiburg. Aus der Geschichte des Hauses Himmelsbach am Schwabentor zu Freiburg, 1498–1998, Selbstverlag.
Abb. 107 u. 113: Zustand des Münsters um 1301, nach neueren Erkenntnissen zum romanischen

Chor nach Angaben von K. Becker und dem Aufsatz von J. Vogeley (📖10).
Abb. 115–130: Nach perspektivischen Studien am Münstermodell im Museum der Münsterbauhütte gezeichnet vor Ort: auf dem Dachboden, am Turm und in der Bauhütte des Münsters.
Abb. 137–146: Zeichnungen nach Abgüssen im Museum der Münsterbauhütte.
Abb. 148–152: Zeichnungen nach Skizzen in einer Glashütte (Mittinger in Darmstadt, 1960) und nach eigenen Arbeiten (in der Kunstglaserei Isele, Freiburg).
Abb. 156–159: Gezeichnet vor Ort. Der Palmsonntagsesel mit der Christusfigur steht im Augustinermuseum Freiburg.
Abb. 160: Rekonstruktion der Vierung mit Altären. Die Zuordnung der Patronate der Altäre erfolgte nach Jahrtagsangaben, fußend auf Forschungen des Diözesanhistorikers Prof. Wolfgang Müller. Die Form der Anlage ist zwar hypothetisch, aber nach Angaben K. Beckers sind das Niveau der höher liegenden Vierung und die dreiseitige Ummauerung gesichert.
Abb. 161 u. 164: Zeichnungen entstanden vor Ort.
Abb. 163 u. 171: Bei beiden Zeichnungen sind die Rekonstruktionen von Schuster (1906) und Stehlin (1936) verwendet, die einen wesentlich höheren Chor annehmen. Sie gehen von Eckpfeilern mit Bogen nach Basler Vorbild aus. Von Osteneck (1970) nimmt einen niedrigeren Chor und Pfeiler ohne Bogen an.
Abb. 165–169: Parlerporträts und Turmhelm-Eisenarmierung gezeichnet nach einem Gipsmodell im Museum der Münsterbauhütte.
Abb. 173 u. 176: Grundstein: vor Ort gezeichnet; Bogenfeldplastik: z.T. im Museum der Münsterbauhütte, weil der Abguss dort nach noch besser erhaltenem Zustand gemacht wurde. Die Hochzeitsszene ist nach Stichen des Hausbuchmeisters (um 1485) gestaltet.
Abb. 174–180: Parlerplastiken vom Chor-Südportal. Die Zeichnungen entstanden vor Ort, in der Bauhütte anlässlich der Kopierarbeit 1997, im Museum der Münsterbauhütte und auf der Parlerausstellung 1999 im Museum für Stadtgeschichte, Freiburg.
Abb. 181, 191, 109 u. 212: Meinen Rekonstruktionen des romanischen Chores liegen die neueren Erkenntnisse von R. Becksmann (📖6) und K. Becker zugrunde. Vor allem in Abb. 212 ist berücksichtigt, dass das Mittelfeld des Chorabschlusses nach Osten breiter wird (also kein Teil eines regelmäßigen Sechsecks ist), und dass die beiden Pfeiler bis zu den neuen Hochchor-Pfeilern reichten; gezeichnet nach Angaben K. Beckers und nach Rückschlüssen aus der Grabung (siehe den betreffenden Artikel von R. Becksmann im »Nachrichtenblatt« [wie 📖13]).
Abb. 182–184: »Gerichtslaube«, gezeichnet vor Ort mit Rekonstruktion des Obergeschosses nach Fundresten (ein Maßwerk der Fenster) vom Wiederaufbau 1952 und nach Angaben von K. Becker.
Abb. 186–188: Die Burg auf dem Schlossberg hat nach den verschiedenen Zeichnungen des 15. und 16. Jahrhunderts vielleicht so ausgesehen. Der »Mörser« von 1489 befindet sich im Kölner Stadtmuseum.
Abb. 189: Sandstein-Plastik von M. Seitz.
Abb. 191 u. 199: Wie hoch die Pfeiler und Wände des Chorneubaus vor der Pause standen, ergibt sich aus dem Farbunterschied der Steine. Bei den Binnenchor-Pfeilern sind keine Farbunterschiede zu erkennen. Daraus folgt, dass sie erst unter Niesenberger errichtet wurden und folglich der Friedhof im Bauplatz noch weiter benutzt wurde.
Abb. 192: Das Universitäts-Stifterpaar ist dargestellt im Wappenbuch des Hans Ingeram von 1459.
Abb. 193: Humanisten, gezeichnet nach einem Holzschnitt in H. Buszello u.a. (📖7, S. 24).
Abb. 194 u. 195: Zeichnung nach Motiven auf Holzschnitten; Titelblatt der »Ars versificandi«, um 1530; siehe Stadtgeschichte, Bd. 2 (wie 📖7), S. 467. Das Orgel-Portativ und andere Instrumente finden sich auf dem Titelblatt der »Margarita Philosophica« des Kartäuserpriors Gregor Reisch von 1503.
Abb. 196: Zur Rekonstruktion der Orgel mit verschließbaren Läden siehe A. Herter-Böhm (📖17) mit einer Zeichnung des Pfarrers Josef Felizian Geissinger von 1787. Meine Zeichnung machte ich nach dem Baubefund und nach Angaben von K. Becker.
Abb. 197–204: Nach dem Baubefund, vor Ort und im Museum der Münsterbauhütte gezeichnet.
Abb. 207: Der besseren Übersichtlichkeit und Zusammenschau wegen mit Abb. 206 u. 208 so dargestellt. Die Profile der Säulen mussten von beiden Seiten bearbeitet und die Blöcke dafür »umgebockt« (d.h. umgelegt) werden.

Abb. 209: Zustand beim Weggang Meister Niesenbergers 1492; nach einer Untersuchung von Wolfgang Jakob für eine Magisterarbeit an der Universität Freiburg (1981).
Abb. 210 u. 211: Zustand des Chores nach 1494; zu Grunde liegen mündliche Angaben von Herrn Thomas Flum (über seine Untersuchungen für eine Dissertation bei Prof. Wilhelm Schlink, Universität Freiburg 1999). Er fand die romanischen Steinmetzzeichen an der südlichen Hochchorwand schon über den Arkaden. Die Rechnung für die Verglasung der ersten Fenster 1494 fand Daniel Parello. Sein Aufsatz (aus der Dissertation) ist veröffentlicht im Jahrbuch der Staatlichen Kunstsammlungen in Baden-Württemberg (Bd. 34/1997).
Abb. 212: Siehe Abb. 181.
Abb. 213–215: Klopfsägen-Rekonstruktion nach der Säge im Vogtsbauernhof-Museum in Gutach, Schwarzwald.
Abb. 216–220: Nach Skizzen vor Ort und im Museum der Münsterbauhütte gezeichnet. Die Abb. 218 u. 219 entstanden beim Zusammenbruch des schadhaften Maßwerkfensters in der Kaiserkapelle und beim Wiedereinbau 1998/99.
Abb. 221 u. 222: Konstruktion der Lehrgerüste für das Chorgewölbe. Meine eigene Hypothese habe ich nach Rücksprache mit K. Becker gezeichnet.
Abb. 223–234: Vor Ort gezeichnet. Wasserspeier am Chor: nach Originalen im Augustiner- und im Bauhütten-Museum. Der Steinmetz in Abb. 228 ist nach einer Konsolbüste am Chorstrebewerk gestaltet.
Abb. 235–238: Zeichnungen sind nach eigenem Erleben gestaltet, ohne direkte Vorbilder.
Abb. 239: Bundschuh-Bauer mit Fahne: nach dem Titelblatt zu P. Gengenbachs Holzschnitt von 1514.
Abb. 240: Das Kunstmuseum Basel und das Augustinermuseum Freiburg besitzen je eine Zeichnung Hans Baldungs, die als Studien zum Hochaltar des Freiburger Münsters gelten (vgl. die Abbildung im Katalog, 🕮 15).
Abb. 241–244: Die Münsterpfleger sind auf der Predella der Kreuzigungs-Tafel, der Rückseite des Hochaltarbildes, porträtiert. Der Bürgermeister / Ritter St. Georg ist auf der Kreuzigungstafel zu sehen.
Abb. 245–247: Die Kanzel; das Selbstbildnis Jörg Kempfs unter der Kanzel ist in Abb. 245 von der Seite gesehen.
Abb. 248: Zeichnung vor Ort unter Weglassen des neogotischen Altares in der Sotherkapelle. Sog. Böcklinskreuz in der Villinger-/Böcklinskapelle: in heutiger Aufhängung.
Abb. 251 u. 254: Das Selbstbildnis Böhringers und die Porträts der Münsterpfleger am ehemaligen Lettner befinden sich im Augustinermuseum.
Abb. 253: Lettner-Rekonstruktion nach noch unveröffentlichten Studien von Karl Becker mit seiner freundlichen Genehmigung, z.T. andere Ansichten als bei L. Schmidt (🕮 11a).
Abb. 255 u. 256: Details vom ehemaligen Lettner.
Abb. 257: Renaissance-Vorhalle mit Walmdach, Viehtritt und Friedhofsmauer. Rekonstruktion des Zustandes in der ersten Hälfte des 18. Jahrhunderts auf der Grundlage einer Zeichnung im Bayerischen Nationalmuseum (in 🕮 12, S. 12) und von Grabungsbefunden (vgl. 🕮 11b).
Abb. 258–260: Vor Ort entstanden; heutiger Zustand (ohne Friedhofsmauer und Walmdach).